AF579007

LE RETOUR DE LA FEMME BLANCHE EN AFRIQUE

DU MÊME AUTEUR

FEMME BLANCHE, AFRIQUE NOIRE, Grasset, 2005.

MARIELLE TROLET NDIAYE

LE RETOUR DE LA FEMME BLANCHE EN AFRIQUE

BERNARD GRASSET
PARIS

ISBN 978-2-246-76251-5

Toute ma gratitude
à Arnaud Desjardins et Daniel Morin.

« Le corps de l'homme est bien petit
pour contenir l'Esprit qui l'habite. »

Tradition orale africaine.

NOTE LIMINAIRE

J'utilise dans ce texte le mot « nègre » à la demande de Tamsir car comme il le dit lui-même :

« Je ne suis pas une couleur, je suis un homme. Mes Ancêtres ont observé, ils ont découvert des Vérités. Ils ne se sont rien approprié : l'inventeur du feu n'a pas déposé de brevet. Mes Ancêtres ont sculpté les fétiches, ils ont exploré l'âme de l'homme et ils ont transmis ce Savoir universel et inaltérable. Je suis animiste. Je revendique mon appartenance à la nature parce que je ne fais qu'un avec elle. Mais je suis aussi un homme de culture. De culture nègre.

Je sais, ce mot choque la plupart des toubabs parce qu'il m'identifie à la publicité Banania. Moi, cela ne me blesse pas. N'employons pas des mots polis et hypocrites pour ménager une susceptibilité qui n'est pas la mienne. »

1

Nous sommes arrivées à Lyon, Mariama et moi, seules, sans famille pour nous accueillir. Ma mère restée à Popenguine, unique représentante d'une famille éteinte, nous prêtait son appartement de Villeurbanne, le temps que nous puissions nous installer. La première semaine fut consacrée à nous procurer des vêtements chauds, tâche héroïque car, contre toute logique, en plein hiver, les boutiques proposaient déjà d'affriolantes tenues estivales.

Cinq jours après notre arrivée, je fus soulagée d'apprendre au téléphone que Tamsir avait obtenu le visa et qu'il prenait le prochain vol. Ensemble, nous étions forts, quand bien même il ne me serait pas d'un grand secours pour affronter les nombreuses démarches administratives que nécessitait ce retour, il était un appui solide, indispensable, c'était mon grigri protecteur. Il avait la baraka.

Epuisée par les crises de paludisme qui s'étaient succédé depuis un an, j'avais donc quitté le Sénégal avant lui. Sachant que la délivrance d'un document officiel peut être suspendue par un employé sans raison valable, Tamsir avait tenté d'accélérer la procédure en faisant intervenir une connaissance. Froissée, la préposée avait exigé de lui de pompeuses excuses auxquelles il avait consenti pour récupérer son passeport. Son départ s'était alors précipité et en moins d'une semaine, il avait fait ses adieux au village.

Le taxi-clando était arrêté devant le petit marché étiré le long de l'unique route goudronnée de Popenguine. Tamsir était sorti à quatre pattes de N'Diayen, la concession de sa famille située derrière le vieux baobab du quartier, en passant entre les jambes écartées de sa mère. Mam Oumy se tenait debout à la sortie de la maison, elle était sûre qu'ainsi son fils reviendrait.

Une ribambelle d'enfants braillards et pieds nus le suivait en criant « Mam Tam ! Mam Tam ! » et en s'accrochant à son petit sac de voyage. Il avait regardé les visages rieurs de ses neveux et de ses nièces, combien y en avait-il ? Il s'était dit qu'il ne les reconnaîtrait plus à son retour. Il serra les mains de chacun des Vieux qui étaient assis sous les acacias. Certains avaient connu la France, il y avait longtemps. Le

Vieux Seck, le tirailleur sénégalais, caché derrière les verres épais de ses lunettes de myope qui se souvenait encore du numéro de la cellule où il avait été enfermé pendant la guerre était à côté du Vieux Modou. Lui, il avait parcouru les mers sur un bateau de la marine marchande française pour nourrir ses nombreux enfants, un à chaque escale, qu'il n'avait pas vus grandir. Le Vieux Cissé se tenait près de lui. Il avait travaillé pendant trente ans comme éboueur à Paris puis était rentré au pays pour profiter de sa retraite. Il avait eu de la chance.

Assis sous les arbres, immobiles comme des montagnes, ils savaient pour quelle sorte de voyage partait Tamsir. Ils ne lui ont rien dit, ils se contentèrent de le regarder et il baissa les yeux.

Le chauffeur avait posé le petit bagage de Tamsir sur la banquette arrière car le coffre ne s'ouvrait plus puis il avait soulevé à deux mains la portière bringuebalante pour la fermer derrière lui. Il faisait très chaud mais la manivelle arrachée avait empêché Tamsir de descendre la vitre. Il avait jeté un coup d'œil à la mosaïque des boubous colorés que portaient les femmes assises devant leurs étals de légumes. Mam Oumy était revenue s'asseoir devant son monticule de poisson séché, posé sur un sac de jute à même le sol, tout en chassant sans impatience les mouches qui virevoltaient autour. Elle avait fait un petit signe à son fils et avait baissé la tête avant de ramasser un pan élimé de son boubou en khartoum violet. Tamsir avait regardé droit devant lui la route qui fumait sous la chaleur pour ne pas voir sa mère sécher ses yeux.

Impatiente, j'attendais son arrivée dans le hall de l'aéroport Saint-Exupéry, oiseau de métal et de verre posé en rase campagne lyonnaise.

J'avais quitté à l'âge de trente-quatre ans mon existence dorée de toubab gâtée pour chercher en Afrique un sens à ma vie. Je possédais alors tout ce dont une femme pouvait rêver. Je vivais dans une grande et confortable maison avec piscine, auprès d'un compagnon que de jaloux regards féminins convoitaient, utilisant ma carte de crédit selon mes envies.

Un soir de décembre, habillée d'une coûteuse robe de soie noire dont le sobre décolleté était relevé par un gros bijou en or, j'écoutais distraitement, une coupe de champagne à la main, les conversations feutrées des convives que les tapis et les soyeuses tentures ouataient davantage. Tout à coup, je pris conscience d'une manière foudroyante de la vanité de mon existence. Ces apparences-là étaient trompeuses. Je n'étais pas heureuse. Sous un vernis flatteur, je vivais à la surface de moi-même. Je sentis que je ne voulais pas mourir ainsi.

Quelques mois plus tôt, j'avais croisé le chemin d'un autre homme, plus rock'n'roll que mon compagnon. Nous étions devenus amants et sans hésitation, sans trop réfléchir non plus, je lui avais proposé de partir avec moi, pour un ailleurs merveilleux que nous aurions à construire. Marié, las de la monotonie de sa vie, il avait cru trouver dans notre escapade qu'il imaginait temporaire, l'exotisme suffisant pour la pimenter. Pour ma part, fusionnelle et passionnée, je l'avais chargé de toutes mes illusoires espérances de vie à deux. Nous n'avions pas les mêmes attentes, je le savais dans le fond, mais cela ne m'empêcha pas de quitter Lyon avec lui un 1er avril pour vivre une succession de hasards qui n'en étaient pas, et atterrir au Sénégal.

Trois mois plus tard, après avoir consommé tout ce qui était possible entre lui et moi, je lui avais demandé de rentrer en France, restant seule dans ce pays sans savoir ce que j'allais y faire. Une seule évidence me guidait, celle d'être à ma place en Afrique, même si, désespérément blanche, en proie aux arnaques multiples dont les Dakarois sont les imbattables spécialistes, je goûtais l'aspect le plus déplaisant que pouvait offrir la capitale. Dans cette situation, toutes les dérives étaient possibles.

Suivant les recommandations d'un inconnu, je m'étais arrêtée sur la plage de Popenguine, déserte en ce début d'après-midi. L'écume mouillait mes pieds et j'avais su avec une troublante certitude : « Voilà, c'est ici. »

Puis, les événements s'étaient enchaînés comme par magie. J'avais épousé Tamsir, un pêcheur vivant sans se soucier du lendemain, le fils du Vieux Mam Armand à qui j'avais acheté une parcelle sur la plage. Mariama était née neuf mois plus tard au dispensaire du village. Nous vivions heureux avant que le paludisme ne s'acharne sur moi et qu'il ne nous contraigne à rentrer en France.

La maladie n'était certainement pas la seule responsable de notre voyage. Je devais revenir en France pour y valider le choix de mon départ, pour conforter ma décision et éliminer les derniers doutes que n'avait pas manqué de faire lever en moi la différence si radicale de culture dans laquelle je vivais depuis quatre ans.

J'aimais Tamsir. Et Tamsir m'aimait, sans parole ni démonstration futiles.

Nous ne portons pas d'anneau pour sceller notre alliance. Nous faisons confiance à l'excentricité du hasard qui est à l'origine de notre improbable rencontre. Le hasard, c'est la précision de Dieu. Par sa seule présence en France, par ma seule présence à Popenguine, nous renouvelons chaque jour le pacte qui nous lie.

Mariama et l'enfant à venir qui arrondissait mon ventre étaient les seules raisons qui l'avaient décidé à quitter la brousse africaine pour nous accompagner dans ce nouveau périple.

Tamsir ignorait tout de cette société de haute technologie puisqu'il n'avait vu que des feuilletons à la télévision. Les toubabs y habitaient de belles maisons, ils étaient tous beaux, riches, en bonne santé et ils ne travaillaient jamais. Il avait été formaté pour croire que ce mode de vie était supérieur au sien et qu'il était et resterait un homme sous-développé sans les connaissances techniques, scientifiques, économiques de la civilisation toubab. Il avait donc confiance dans ce modèle occidental qui s'était imposé par la force à toute l'Afrique au point de l'entraîner aussi rapidement qu'inéluctablement dans son sillage. Cependant, dès son arrivée, il avait pressenti que les toubabs parlaient trop haut pour ne rien avoir à se reprocher. Et à l'inverse de la plupart de ses camarades qui le jalousaient d'avoir épousé une toubab, passeport pour le monde meilleur, il n'avait jamais eu envie de se frotter à l'Occident et encore moins d'y faire fortune.

Le sort en avait décidé autrement et maintenant, il lui emboîtait le pas.

L'avion avait atterri de nuit, dans la brume lyonnaise qui enveloppait la piste de l'aéroport, opacifiant davantage les contours de son nouvel environnement. Tamsir patientait depuis trente minutes dans la file de gauche, celle réservée aux étrangers. L'attente se prolongeait alors que les passagers alignés dans la queue de droite passaient rapidement le contrôle de la douane. Son cœur battait trop vite. Tamsir attendait que les douaniers terminent le contrôle d'identité d'un grand nègre baraqué, habillé d'un extravagant boubou imprimé de grosses arabesques multicolores et qui s'était encombré de plusieurs bagages de cabine remplis d'artisanat africain, dont un carton à moitié éventré retenu par une ficelle. Il n'était pas étonnant qu'il ait attiré sur lui la méfiance des douaniers qui avaient appelé leurs chefs en renfort pour scruter minutieusement ses papiers. Un douanier était sorti du bocal en verre et avait prié le nègre de le suivre. Celui-ci avait peiné à rassembler ses bagages éparpillés autour de lui et personne n'avait eu l'idée de l'aider. Le colosse s'était retourné sur la file d'attente, les gratifiant d'un sourire étincelant, une manière de leur souhaiter bonne chance.

Tamsir gardait les yeux fixés sur les douaniers, cherchant dans leur comportement une marque de sympathie pour apaiser le rythme de son cœur. Une appréhension sourde nouait son ventre.

Il y avait quatre personnes devant lui. Dès que la file avançait, un Sénégalais qui lisait le journal *Walf Fadjiri* poussait distraitement du pied son sac posé par terre. Sa désinvolture lui fit penser qu'il était habitué à ce type de contrôles. Tamsir tentait de tromper son inquiétude en lorgnant les fesses rebondies d'une Africaine serrée dans un pantalon de toile noire qui parlait en ouolof dans son téléphone portable en ameutant tout l'aéroport. Elle riait, tout excitée de raconter à une copine restée à Paris son séjour au Sénégal qui, à l'en croire, avait été très chaud. Pour Tamsir, les Africaines sont les plus belles femmes du monde, les plus sensuelles et les plus excitantes.

Il s'était à nouveau concentré sur l'homme qui se tenait juste devant lui. Il avait le teint clair des Mauritaniens, la tête ceinte d'un turban de couleur bleu indigo assorti à sa djellaba typique de son pays. Une pochette en peau contenant ses papiers et une photo de son guide spirituel enchâssée dans un étui de cuir finement travaillé pendait à son cou. Tamsir pensa qu'ainsi accoutré, cet homme allait s'attirer des ennuis et retarder davantage le contrôle des passeports.

Des tonnes de plomb clouaient ses pieds sur la ligne rouge derrière laquelle il devait attendre son tour, son sang battait dans ses oreilles comme un djembé dans la brousse. Ce contrôle d'identité l'angoissait sans raison valable. Était-il celui qu'il prétendait être ? Cet examen de passage validerait ou non la possibilité de sa présence à mes côtés. Selon quels critères ?

Il s'était avancé jusqu'à la vitre en verre en souriant de toutes ses dents blanches. Il aurait voulu prononcer sans accent les mots « Bonjour monsieur » et effacer de son esprit la désagréable impression de quémander une grâce. Sa main tremblait lorsqu'il avait tendu son passeport. L'homme n'y avait guère prêté attention et le lui avait rendu en hochant la tête. Surpris du peu d'intérêt qu'on lui avait témoigné, il avait dit « merci » sur un ton trop révérencieux à son goût puis s'était dirigé vers les tapis roulants où les voyageurs attendaient les bagages déversés de la soute. Son sac sur l'épaule, il avait suivi les panneaux indiquant les toilettes. Interloqué de devoir glisser une pièce de 50 centimes d'euro dans la fente de l'appareil pour que la barrière qui gardait le sanctuaire daigne s'ouvrir, il avait songé un instant à sauter par-dessus le portillon pour commettre un acte délinquant digne de la couleur de sa peau, mais il s'était ravisé. Il ne voulait pas apporter dès son arrivée de la salive au moulinage des langues fourchues dont il s'était pourtant prémuni avant de quitter Popenguine, en faisant confectionner un gri-gri spécial par un marabout de Sindia. C'est donc indisposé par une vessie pleine qu'il avait franchi les portes coulissantes de l'aéroport derrière lesquelles je l'attendais.

2

Tamsir avait été le dernier passager à sortir, poussant à l'extrême la patience de Mariama qui s'ennuyait d'attendre et me laissait le temps de spéculer sur les raisons de son retard. Avait-il raté l'avion à cause de la longueur inénarrable des salamalecs d'au revoir ou à cause de l'imprudence du chauffeur de taxi qui n'avait pas rempli le réservoir de la voiture faute d'argent ? Ses papiers étaient-ils vraiment en règle ou avait-il été retenu au contrôle de police ? Et soudain, il vint vers nous de son pas mesuré, souriant. Il avait été retardé par les contrôles vétérinaires d'un animal de compagnie qu'il avait convoyé pour rendre service à un toubab qui l'avait apostrophé à l'aéroport de Dakar.

Sur le parking où je l'entraînais, pressée de profiter de nos retrouvailles, des centaines de carrosseries rutilantes, alignées en autant de milliers d'euros, reflétaient les rayons naissants du soleil. Rapidement, la voiture fut happée dans un flot dense de véhicules, une sorte de fourmilière motorisée qui nous entraînait inexorablement en avant. Les routes s'entrelaçaient, les voitures se croisaient et s'entrecroisaient à grande vitesse sans se télescoper. Où conduisaient toutes ces voies parfaitement bitumées que les automobilistes, pantins légers, caparaçonnés dans une tonne de ferraille censée les rendre invulnérables, empruntaient sans se tromper ? Je ne prêtais aucune attention à ce monde accéléré qui m'était redevenu familier et je continuais à demander à Tamsir des nouvelles du village et de la famille. Il ne m'écoutait pas. La question qui occupait tout son esprit était de savoir quelle sorte de société pouvait émerger d'une cadence pareille.

En sortant de la voiture, Tamsir avait accusé le coup. En quelques heures, la température extérieure avait chuté de trente-trois degrés et celle de son moral d'au moins autant.

Nous sommes entrés dans un immeuble, aligné à côté d'autres immeubles tous identiques. Un canal s'intercalait entre la cité où s'entassaient des exilés de toutes origines et le boulevard de ceinture saturé de véhicules bruyants. Le bourdonnement sourd, pareil à celui que produit un nuage de criquets s'abattant sur la récolte de l'année, ébranla la quiétude de son esprit.

Les pièces de l'appartement étaient exiguës afin

d'optimiser les centimètres carrés empilés en succession d'étages tous semblables. C'était mieux que de s'entasser comme la plupart des Africains émigrés à trois ou quatre dans le réduit d'un foyer sinistre et moins risqué que d'habiter un immeuble insalubre et d'y roussir sa peau noire. Son mariage avec une toubab anciennement bien nantie dans cette société lui conférait des privilèges, il n'était pas un émigré standard.

Cette première journée en France ne lui laissa pas d'autre souvenir que celui-là : il pleuvait. Les gouttes d'eau étaient glacées, le ciel était gris et bas sur les immeubles gris et tristes. L'eau du canal était sale et grise comme le halo vaporeux soulevé par les roues des voitures. Il regardait cette tristesse qui dégouttait sur la vitre de la fenêtre du dixième étage de l'immeuble où nous allions vivre pour une durée incertaine.

Les jours se sont succédé. Tamsir regrettait déjà la poussière sèche et l'indolence de Popenguine, accablé par la vision des murs qui portaient la trace humide de trop longues journées sans soleil. Je n'avais pas le loisir de m'appesantir sur les conditions météorologiques : étant seule capable de me débrouiller en France, l'organisation de notre quotidien reposait entièrement sur moi.

On déposa à la préfecture une demande de permis

de travail. Il était huit heures trente, je le quittai, occupée par d'autres formalités. Tamsir avait pris un ticket d'appel portant le numéro 104 et son mal en patience car les huit chaises disposées dans le couloir étaient occupées. Il n'osait pas s'asseoir par terre et transgresser ainsi une règle de comportement civilisé, craignant de conforter les gens dans leur idée selon laquelle les nègres sont tous des fainéants rigolards et ainsi attirer une malveillante attention sur son dossier. Il attendit debout jusqu'à midi.

Certaines personnes qui patientaient dans les couloirs semblaient être des habitués des lieux. Ils s'informaient, échangeaient des conseils et des astuces pour accélérer les formalités. Quelques-uns avaient apporté à boire et à manger, ils lisaient leurs journaux nationaux ou jouaient bruyamment aux cartes, jeu qui requiert sous toutes les latitudes de l'emphase. Tamsir s'interrogeait sur la raison, non pas de leur présence dans ces locaux car elle était évidente, mais plutôt sur celle de leur venue en France. Que venaient-ils chercher ? Du travail, bien sûr, et quel qu'en soit le prix d'ailleurs, mais sûrement pas le bonheur puisqu'ils avaient renoncé à leur pays, à leur famille, à leurs amis, à leurs habitudes, à leurs coutumes, à leur passé et à leur futur. Il avait aussi laissé tout cela derrière lui mais pour d'autres raisons. Il ne savait pas combien de temps durerait notre exil mais un sixième sens le prévenait des risques encourus à séjourner trop longtemps ici. Aucun risque mortel bien sûr, puisque beaucoup de gens s'en accommodaient et que tant d'autres étaient prêts au pire pour y vivre !

De toute façon, les Ancêtres avaient parlé d'expérience, non d'installation définitive ! Sa venue en France était le détour nécessaire qui le conduirait sur les traces de sa destinée.

Au fil des heures et des nationalités variées qui défilaient sous ses yeux, il apprécia combien les toubabs étaient généreux d'accueillir sur leur territoire cette multitude hétéroclite. Pourtant, les exigences administratives paperassières en vue d'obtenir une régularisation et destinées à décourager les clandestins tentés de profiter de la manne sociale, frisaient la paranoïa. Le but de tous ceux et celles qui prenaient des risques insensés pour fuir leur pays n'était certainement pas de grappiller quelques maigres subsides pour fainéanter loin de chez eux. Pourquoi dès lors instituer autant de contrôles ?

Je m'étais heurtée moi aussi à un certain nombre de déboires pour informer l'administration sénégalaise de ma présence dans le pays, mes démarches s'étant d'ailleurs soldées par un échec, mais cela ne m'avait pas empêchée de m'y installer. Les formalités étaient réduites. La seule exigence avait été que j'aille faire moi-même et à mes frais, des photocopies des imprimés nécessaires dont il ne restait plus qu'un seul exemplaire dans le tiroir. L'Administration était corrompue au Sénégal, mais elle savait contourner des règlements tatillons pour aider la personne dans le besoin, *tout de suite*. La France est la patrie des Droits de l'homme. Comme en Afrique, l'hospitalité était une réalité ici. Mais au contraire de l'Afrique, c'était une hospitalité conditionnée.

Son tour venu, Tamsir remit à l'employée tous les documents qui étaient mentionnés sur les deux pages de la liste que son service requérait. Elle les compulsa, les tria, les agrafa, s'énerva, refit une liasse, saisit une chemise cartonnée bleue pour ranger les documents, les ressortit pour les vérifier à nouveau un à un, avant d'imprimer le précieux récépissé qui permettait à Tamsir de travailler. Il rentra à la maison, affranchi. Quelques jours plus tard, un médecin de l'OMS l'examina pour s'assurer qu'il n'était porteur d'aucune maladie. Pourquoi pas le mettre en quarantaine, tant qu'ils y étaient ?

Dans la foulée, les autorités administratives lui proposèrent d'acquérir la nationalité française. La liste des documents à fournir en plusieurs exemplaires s'allongeait au fur et à mesure de la constitution du dossier, décourageant la ténacité des plus obstinés. Armand Ndiaye avait épousé Oumy Marone selon la loi coutumière du village, sans plus de formalités, et obtenir leur acte de mariage relevait d'un miracle. Je devais moi aussi prouver ma nationalité française en fournissant les actes de naissance de toute mon ascendance qui avait émigré en Algérie, alors colonie française, pour fuir l'Alsace, patrie de leurs ancêtres, devenue allemande. Etaient-ils algériens, français, allemands...

Droit de naissance, droit de sol, droit de sang, et le droit de vivre tout simplement ?

Cela fait, aucun doute ne subsistait, j'étais française, nos enfants aussi. Tamsir le devint également.

On lui suggéra de changer de prénom et de patronyme. Il pouvait choisir de s'appeler Paul Higame ou Jean Tinoir. Changer d'identité contribuerait à n'en pas douter à son intégration dans ce pays. Terre d'accueil ou terre d'exil ? Il avait toujours été Tamsir Ndiaye et il entendait le rester. Ce serait à la force de son âme qu'il serait ou ne serait pas français.

4

Nous étions en France depuis trois semaines et Tamsir avait trouvé un emploi de nuit dans un restaurant à la mode situé près d'un imposant complexe de bureaux vitrés à l'architecture futuriste fréquenté par de jeunes cadres très exaltés. La nécessité faisait loi et les états d'âme n'étaient pas de mise, même le soir où, sortant du restaurant, il s'aperçut que la selle de son vélo avait été volée, ce qui l'obligea à rentrer à pied à travers les rues d'une ville qu'il ne connaissait pas encore.

Son souci premier avant de quitter l'appartement était de se protéger des rigueurs de cette fin d'hiver qui n'en finissait pas de se prolonger. Il mettait un caleçon long molletonné sous son pantalon, il enfilait un sous-vêtement thermolactyl sur lequel il empilait deux pulls et une veste doublée de maille polaire. Ses bras ne touchaient plus ses flancs, engoncé dans une superposition de cols qui l'empêchait de tourner la tête à son aise. Sa liberté de mouvements se réduisait avec la baisse de mercure du thermomètre, prisonnier de cet étouffant carcan vestimentaire, le corps privé d'air, de soleil et de la brise tiède qui sèche la peau mouillée par l'effort. Il mettait deux paires de chaussettes, quand ce n'était pas trois, et il ne se séparait jamais de son bonnet de laine. Même pour dormir.

Aucun vêtement, aucun chauffage, aucun soleil ne pouvaient le réchauffer. Le soir, les rues se vidaient. Aucune chaise n'était tirée devant les portes et personne ne s'asseyait pour regarder les passants. Nul sourire n'encourageait le bavardage qui repose, aucun geste de sollicitude ne manifestait la connivence. Aucun arbre à palabres sous lequel s'accroupir, au contact des autres. Il y avait beaucoup de gens ici, mais très peu de personnes. Il me confiait combien il se sentait seul dans cette foule indifférente, sans pouvoir de surcroît jouir de la tranquillité, pressé de toutes parts.

Il commençait son travail à vingt-deux heures. La température extérieure dépassait rarement trois degrés. Il pédalait vite pour se réchauffer et pour échapper aux Esprits qui s'appropriaient la nuit, quand l'Autre Moitié du Monde se révèle aux Initiés. Il supposait que les lumières des réverbères et des enseignes lumineuses avaient chassé les djinns malfaisants et cela le réconfortait.

Il régnait une atmosphère chaude et humide dans la cuisine du « 31 bis », il se sentait enfin un peu dans son élément. Il s'attelait immédiatement au lavage des verres entassés dans les grands bacs en inox. La porte battante laissait passer un régiment turbulent de serveurs pressés, qui criaient des consignes, s'exhortant mutuellement à se dépêcher davantage. Les verres qui dégouttaient encore étaient aussitôt utilisés. L'échafaudage d'assiettes n'en finissait pas de branler et les couverts s'entrechoquaient, jetés sans ménagement dans l'eau savonneuse. Après quelques soirs, Tamsir comprit qu'on ne lui demandait pas d'être méticuleux mais rapide et il devint moins sourcilleux sur la propreté de la vaisselle.

Les verres et les assiettes débarrassés n'étaient jamais vides, c'est pourquoi Tamsir sortait chaque soir sur le trottoir trois énormes poubelles équipées de roulettes. Comment pouvait-il encore croire les discours sur la générosité des pays riches dont on lui avait rebattu les oreilles face à cette incohérence ?

Tous les employés dans la cuisine étaient étrangers : black, beurs, mais pas de Blancs. Certains cumulaient les boulots. Balayeur – les toubabs disent technicien de surface – le jour, plongeur la nuit. Tous contribuaient à enrichir la France et aucun ne mégotait sur la basse besogne. Tous espéraient gagner un peu d'argent et repartir dans leur pays. La plupart restaient, emberlificotés dans leur quotidien éreintant et sans issue. Les contrats bidons s'enchaînaient, les horaires fluctuaient au gré du noctambulisme de la clientèle et tous devaient se satisfaire de la mansuétude de ces patrons qui consentaient à leur donner du travail payé le plus mal possible.

Tamsir recevait de temps à autre l'aide d'un homme d'appoint, clandestin sans papiers qui était payé à la tâche, le temps d'un surcroît temporaire d'activité, avant de retourner à l'oubli.

Demba le Gambien, un colosse aux yeux rieurs, travaillait depuis huit jours à la cuisine et ce soir-là, le patron lui avait remis une enveloppe pour mettre fin à leur accord. Demba ne parlait qu'anglais et ouolof, mais il savait compter. Il manquait des billets. Il alla trouver le patron et lui fit comprendre en sabir de son cru :

« Money, pas d'accord. Problème. Money pas assez.

— Qu'est-ce que tu me chantes, money pas assez ? Money OK et tu dégages ! Bien content que je te fasse travailler encore ! Allez dégage ! »

Tamsir avait entendu les éclats de voix derrière la porte battante. Demba, très en colère, lui expliqua en ouolof que le toubab l'avait volé et qu'il allait tout casser dans le restaurant. Il dit que c'était à chaque fois pareil et qu'il n'y avait que ce moyen-là pour se faire respecter. Tout casser. Tamsir l'avait calmé puis il était allé trouver le patron, accoudé au comptoir du bar, surveillant les déplacements des serveurs qui remplissaient son tiroir-caisse. Tamsir avait un statut privilégié parce qu'il parlait français, qu'il était ponctuel et qu'il ne revendiquait jamais rien. Pourtant, ce soir-là, Tamsir ne pouvait pas se taire.

« Bonsoir patron.

— Eh Tam ! comment ça va ? Tu fais une pause ?

— Non. Il faut que je vous parle.

— Je t'écoute.

— Ce n'est pas bien d'agir ainsi avec le Gambien. Il a travaillé, il mérite son argent. Tout.

— Je lui ai payé ce que je lui devais. De toute façon, ça ne te regarde pas.

— Au contraire. Nous, on est corrects dans le boulot. Vous devez respecter ce que vous lui aviez promis.

— Et après ? Il va aller à la police peut-être ? ah ! ah ! ah !

— Lui non, parce qu'il est dans l'illégalité, comme vous, mais moi oui. »

Le toubab s'était tu puis il avait farfouillé dans sa poche. Il en avait sorti quatre billets pliés et les lui avait tendus.

« Ok. Et il dégage de suite.

— Merci monsieur. »

Tamsir avait remis l'argent à Demba, non sans lui dire qu'il serait préférable pour lui qu'il retourne en Gambie parce qu'il ne trouverait pas toujours un

Tamsir sur sa route. Demba l'avait attrapé par les épaules avec un sourire d'enfant gâté puis était parti à la recherche d'un autre job.

Tamsir avait terminé la vaisselle et tandis qu'il pédalait vers la maison, il décida de changer d'emploi.

Une semaine plus tard, il fut engagé dans un hypermarché, cœur nourricier d'un impressionnant complexe commercial implanté sur la commune de Saint-Priest. Celui-là même où j'avais fourbi mes premières armes de jeune cadre fraîchement diplômée, reprenant le poste délaissé par un jeune homme entré en religion. J'avais fait quinze ans plus tard la connaissance à Popenguine du frère Olivier qui officiait désormais en tant que Prieur de la Communauté Saint-Jean en charge des âmes chrétiennes du village. Les coïncidences sont la précision de Dieu !

Tamsir comprit vite que ce type de magasin était conçu pour que les gens achètent tout ce qu'ils voulaient et surtout ce qu'ils ne voulaient pas. Les jours d'affluence, les clients désorientés par l'embarras du choix provoquaient des embouteillages de chariots, stoppés net dans leur course. Le portable vissé sur l'oreille, ils appelaient leur conjoint à la rescousse pour débattre de l'opportunité d'acheter un conditionnement de douze ou seize pots de yaourt nature. A en juger par les désordres de circulation dans les allées, l'incapacité pour un adulte d'assumer une décision aussi banale était pathologique.

Le samedi, jour des Grandes Courses, les caddies se remplissaient allègrement, les porte-monnaies se vidaient rapidement et tout le monde était content. Tamsir ne pouvait pas s'empêcher de penser que tous ces braves gens étaient des esclaves. Que choisir ? était la question métaphysique lancinante de cette société qui fonctionnait selon ce postulat de base : je consomme donc je suis. Une forme moderne d'aliénation.

La première nuit, on l'avait équipé de vêtements rouges griffés à l'effigie du magasin, un oiseau stoïque à l'air quelque peu narquois que j'avais été si fière d'exhiber sur ma poitrine, et de chaussures dont les bouts étaient renforcés avec du métal. Il avait été affecté au remplissage du rayon « hygiène-parfumerie ». Il fallait travailler vite. Le chef avait à peine pris le temps de lui donner des consignes dont le respect était impératif, augurant que débutant, il comblerait les lacunes de ses explications par divination maraboutique. Tamsir déballait des cartons contenant un nombre invraisemblable de savons, de gels de douche, de crèmes de douche (quelle est la différence ?), de flacons de bain moussant, de laits corporels, de tubes de crème aux vertus amincissantes, qu'il devait ranger sur les étagères.

Certains flacons portaient la mention « au beurre de karité ». Ce n'était sûrement pas la même pâte grasse et collante comme un bana-bana dakarois dont les Africaines s'enduisent le corps et les cheveux. Tous les paysans maliens seraient milliardaires si une once de beurre de karité entrait réellement dans la composition des produits de beauté vendus sous ce label en France.

C'est certain, on ne badinait pas avec la propreté chez les toubabs, la mousse savonneuse les rendait blancs comme neige. Tamsir avait regardé plusieurs fois l'alignement des chiffres de son premier bulletin de salaire dans la case en bas à droite. Il recevait une paie de ministre. Six cent mille CFA ! Il avait pensé qu'à ce rythme, nous pourrions économiser beaucoup d'argent pour aider notre famille à Popenguine. Après une semaine, il ne restait plus rien. Les factures s'entassaient, sans compter qu'il fallait payer le droit d'utiliser les routes, les places de parking, et même payer le droit de pisser ! Trois cent cinquante CFA ! Le prix de deux kilos de riz au village, et pas même le prix pour en acheter deux cent cinquante grammes en France. C'est pour cela que le chef distribuait des primes exceptionnelles qui récompensaient l'ardeur au travail.

Chaque soir, Tamsir restait seul dans l'allée « parfumerie » de l'hypermarché, avec les piles de cartons à ranger. Personne ne se souciait de lui. Deux heures du matin était le moment de sa pause. Il sortait pour fumer une cigarette mais il se tenait à l'écart des autres.

Une nuit, une femme d'une cinquantaine d'années, blonde fabriquée, les rides camouflées sous un excès de maquillage, moulée dans un pantalon vert kaki avec des poches plaquées sur les cuisses façon commando et les ongles exagérément longs et carminés, s'approcha de lui :

« Tu as du feu ? »

Tamsir sortit son briquet et protégea la flamme vacillante avec sa main.

« Merci. Tu n'as pas l'air comme les autres », dit-elle.

Comme les autres quoi ? Africains ou autres hommes ? Mais Tamsir ne posa pas la question.

« Tu restes dans ton coin. Tu me diras je te comprends. Les autres ne sont pas très intéressants. A propos, est-ce que c'est vrai ce que l'on dit à propos des Noirs ? »

Tamsir l'interrogea du regard mais la femme ne répondit pas. Elle lui demanda à nouveau du feu. Quand il sortit son briquet, la femme lui prit la main et le regarda avec insistance puis souffla une bouffée tirée de sa cigarette dans sa direction. Elle avait dû voir cela dans un film. Tamsir commençait à être transi de froid. Elle s'approcha jusqu'à coller son ventre contre le sien et le fixa, la voix légèrement tremblante.

« Dis-moi, est-ce vrai que les Noirs ont une très grosse queue et que vous pouvez baiser toute la nuit ?

— Oui, c'est vrai », avait-il répondu, et il lui avait tourné le dos.

Ce n'était pas la première fois qu'une toubab s'offrait à lui. Son corps de nègre les faisait fantasmer. Ces dernières rêvaient peut-être dans le sombre de la nuit qu'un Noir puissant forçait leur intimité. Vision cauchemardesque et si excitante à la fois.

Le lendemain, il fut convoqué au bureau de la comptabilité où une secrétaire lui remit un chèque et son solde de tout compte. Son contrat s'achevait ainsi, victime d'être un homme d'appoint si peu conciliant.

Il était au chômage et notre situation financière ne permettait pas que cet état se prolonge.

Il n'avait pas échappé à Tamsir que les toubabs, friands de toutes sortes de magie, trépignaient de connaître le dénouement, si possible heureux, de leur avenir, et il avait songé à s'établir en tant que grand marabout africain. C'était beaucoup moins fatigant que de remuer de lourdes charges toute la journée. Il n'avait pas de réelles connaissances dans le domaine mais il pouvait faire illusion en portant un grand boubou de bazin bleu nuit, un couvre-chef en peau synthétique d'un quelconque animal de la savane, panthère ou zèbre, et en agitant une fausse queue de zébu qu'il aurait fabriquée avec des brins de rafia. Après discussion, nous avions écarté l'idée des poules blanches sacrifiées car je ne supporte pas la vue du sang des innocents. Si à Popenguine, nous ne pouvions pas acheter une volaille autrement que caquetante, pattes liées et tenue par les ailes, je ne savais pas où trouver en France ces volatiles vivants et il était hors de question que j'en élève dans notre salle de bains. On en avait conclu qu'il suffirait que Tamsir prenne un air pénétré et hermétique, qu'il prononce quelques incantations en ouolof, qu'il jette des cauris et qu'il débite deux ou trois banalités rassurantes pour que le client soit satisfait. L'obscurité voulue de la pièce où il officierait, ajoutée aux volutes de fumée d'encens, cacheraient les détails susceptibles de trahir la supercherie. Nous avions même réfléchi à un nom d'usage et à un slogan qui attirerait la clientèle. Pourquoi pas Maître Tamsir Khaly ou Professeur Ndiaye, célèbre guérisseur, initié dès son plus jeune âge dans la forêt des Baobabs de Popenguine. Retour d'affection, sexe irrésistible, réussite dans tous les domaines, chance. Protection puissante. Discrétion assurée.

En fait, on avait définitivement abandonné l'idée le jour où il avait testé ses compétences divinatoires pendant un match de football. Dans le temps, les Vieux au village préparaient des bains de boue spéciaux dans lesquels les enfants se roulaient, barbouillage censé leur assurer la victoire.

Tamsir assistait à un match à Saint-Etienne avec un ami fervent supporter des Verts, qui l'avait supplié de marabouter leurs adversaires marseillais pour qu'ils gagnent. A la mi-temps, Tamsir avait tracé des signes mystérieux en direction de la cage de buts et prononcé des incantations tirées tout droit de son imagination en affirmant que les Stéphanois ne pouvaient plus perdre. La fin de la rencontre lui donna tort et ternit son image de marque. Une pirouette verbale incrimina son étourderie et non ses indiscutables talents de sorcier expliquant qu'il avait oublié que les équipes changeaient de camp à la mi-temps. Le rituel magique avait été de fait inversé.

Les Vieux avaient avoué bien plus tard aux enfants crédules que les fameux bains magiques étaient un mélange de crottes de chèvre, de bouses d'âne et de charbon !

Par chance, ou devrais-je dire grâce à l'intervention des Esprits de l'Autre Moitié du Monde, Tamsir échappa à cette félonne solution et, cinq jours après avoir été congédié par la blonde inassouvie, il trouva un autre emploi à la périphérie de la ville. Il faisait de la manutention dans un atelier qui traitait les peaux de bêtes – vaches, moutons, chevaux – fraîchement tuées dans l'abattoir mitoyen, lequel alimentait en viande toute la région lyonnaise. L'odeur nauséabonde de viande pourrie qui se dégageait de l'atelier flottait à des centaines de mètres alentour.

Pour se rendre à l'atelier, Tamsir prenait tous les jours les mêmes transports en commun. En commun, c'est-à-dire partagés.

Un matin, il s'était dirigé vers le seul siège vacant pour s'asseoir à côté d'un Africain. Dans un taxi clando en Afrique, le nouveau passager salue toutes les personnes présentes, chacun se poussant pour faire de la place au nouvel arrivant, quitte à sacrifier un peu de son confort. Le jeune homme, recroquevillé dans son pull orange, s'abîmait dans la contemplation de ses coûteuses baskets siglées. Combien de privations, ou d'excès avait-il consenti pour se payer cette paire de chaussures ?

Tamsir lui avait tendu la main. Pas de réaction.

« Eh je te salue ! Tu as oublié que nous sommes frères ?

— C'est ça ! Salut mon frère ! avait répondu l'homme exaspéré.

— On ne répond pas comme ça chez nous.

— Je suis pas chez nous.

— Justement, quand on vit à l'étranger, on essaie de témoigner de ce qu'il y a de mieux chez soi, non ?

— T'as raison mon pote ! Prêche donc la bonne parole ! Je te connais pas, tu me connais pas d'accord ? »

Le jeune homme était retourné à l'examen minutieux de ses souliers sans plus ouvrir la bouche.

Tamsir était désavoué. Il n'avait que lui à offrir à cette société qui privilégiait le verbe *avoir*, qui donne à voir et c'était dérisoire. *Etre*, oblige à aimer. Aimer est difficile. Les gens savaient-ils encore aimer ?

Tamsir était descendu du bus en disant : « Au revoir quand même, frère. »

Chaque jour dans les transports, il devenait aussi inerte qu'une valise acheminée par un tapis roulant jusqu'à destination, bousculé par une foule indifférente à ses orteils, aplatis sans égard par des gens pressés et inquiets à l'idée de ne pas pouvoir se frayer un passage dans cette masse compacte.

Il prévoyait plus d'une heure d'impondérables improbables pour faire le trajet. En réalité, il prenait son temps. La nuit avait effacé les traces de la veille, il était neuf et vierge chaque matin. Pourquoi se dépêcher et pour faire quoi, plus vite ?

Tamsir ne dérogeait pas à cette façon d'être même quand nous étions en retard et cela m'agaçait. Je m'emportais de plus en plus souvent contre lui. Depuis notre arrivée en France, il n'était plus conforme à mes attentes de toubab car il était incapable d'agir, de penser et de réagir plus vite que son ombre.

Un matin vers cinq heures, il avait croisé dans les escaliers notre voisin congolais Léopold. Son visage était fermé.

« Ça ne va pas aujourd'hui, des soucis ? lui avait demandé Tamsir.

— Mon père est mort hier et je ne sais pas si j'arriverai à temps au pays pour l'enterrer. »

Tamsir s'était arrêté quelques minutes pour évoquer avec lui la mort du patriarche.

« Le Vieux est né, le Vieux est mort. La vie coule entre ces deux extrémités. Il a vécu et tu es là. Tu vis et il vit à travers toi. Tu es triste et c'est normal. Mais le Vieux, tu le sais, il n'est pas mort. Il est devenu un Ancêtre. Il laisse le témoignage d'une existence vécue dignement. Il n'a pas été parfait mais il a été parfaitement humain ; il a partagé ses dons et son énergie avec la communauté. Sa mort est une perte pour tous. "Sigil Digalé". »

A ce moment plus que tout autre, Léopold, exilé, avait besoin d'entendre ces paroles. Ces minutes volées à l'indifférence avaient retardé Tamsir, ce qui lui avait valu un avertissement de la part du chef d'atelier.

D'ordinaire, il était ponctuel même si l'intérêt du travail qu'il y faisait ne justifiait pas une telle constance. Le sel utilisé pour conserver les peaux de bêtes s'incrustait sous ses ongles, brûlant la chair. Salées, pliées, pesées, les peaux étaient stockées dans des frigos dont la fréquentation était un supplice pour lui. Froid dehors, froid dedans, froid partout. Le froid l'envahissait, glaçant son enthousiasme. Faut-il parler de courage ou de résignation devant un choix qui n'en était pas un ? Il ne se résignait pas. Il endurait. Pour moi, pour nos enfants, pour le moment.

Tous les manutentionnaires de l'atelier étaient plus âgés que Tamsir et de fait, comme en Afrique, il se tenait à leur disposition, en retrait. Il faisait plus que sa part de travail pour alléger celle de ses aînés. Le soir, il rentrait fourbu. Il s'allongeait par terre, tentant par ce simple contact de reprendre des forces. En France, ce n'était ni l'éloignement ni la fatigue qui le rongeaient le plus, mais la contrainte de vivre en décalage avec ce qu'il était, avec ses principes, dans une société d'où l'entraide était bannie, le stress tenant lieu de consigne de travail, et dont la priorité était le rendement au détriment de la plus élémentaire courtoisie.

J'avais cru bon de lui expliquer que les sociétés commerciales avaient pour vocation de gagner de l'argent et que le personnel était engagé pour remplir une fonction, non pas pour trouver un sens à sa vie. Mais Tamsir ne pouvait pas se résoudre à passer la majeure partie de ses journées à travailler au mépris des relations individuelles les plus sommaires et ce, uniquement pour faire fonctionner des entreprises censées construire une société épanouissante pour tout le monde. D'autant plus que le résultat n'était pas très probant.

Selon lui, certains comportements étaient indignes d'un pays comme la France. J'étais d'accord avec lui sauf que, pour être franche, cela ne me dérangeait même plus.

Un après-midi du mois d'août, une grand-mère et sa petite-fille d'à peine deux ou trois ans étaient montées dans le même bus que Tamsir. Il faisait très chaud et l'enfant avait soif, elle avait pleuré durant tout le trajet, attirant sur elle les regards réprobateurs des autres passagers. Au terminal du bus, Tamsir lui avait offert une boisson achetée à la buvette. Pourquoi personne d'autre dans ce bus n'avait-il eu la même idée que lui ?

A cinq heures du matin en France, ce sont les émigrés que l'on côtoie aux arrêts de bus. Les hommes au visage sombre attendaient debout, isolés dans leurs pensées. Quand Tamsir était arrivé le premier jour, il avait tendu la main pour dire bonjour, mais personne ne lui avait répondu. Il avait observé les gens en silence, sans comprendre. Ces hommes étaient sur le qui-vive, la colère et l'agressivité leur servaient de bouclier pour se protéger de l'indifférence et du mépris. « Le remède de l'homme, c'est l'homme », dit un proverbe sénégalais. Tamsir avait été programmé de la sorte depuis sa naissance. Aussi chaque jour tendait-il la main à celles qui se refusaient encore : « Salam aleikoum ! », la paix sur toi. « Maleikoum salam ! » Les langues se délièrent et les sourires rendirent leur gaieté aux débuts de journée.

Certains jours, l'attente à l'arrêt de bus se prolongeait. Raterait-il la correspondance, ce qui l'obligerait à finir le trajet à pied ? Tamsir n'aime pas la précipitation, elle est source d'erreurs et de souffrances, mais il dépendait de la ponctualité des chauffeurs de bus. Je me moquais de lui en lui rappelant les vertus de la patience africaine. Il n'appréciait pas mon humour et je l'irritais. Dans cet état de tension qui devenait permanent, il aurait été facile de prononcer des mots durs et sans fondement mais nous ne nous querellions pas, nous ne nous insultions pas. Nous rejetions la responsabilité de nos désaccords sur nos cultures respectives. Ce n'était jamais Tamsir ou moi qui étions en cause mais l'Afrique ou l'Occident. Nous mettions de la distance entre nous et ce que nous devenions sous l'effet de la colère, de la rancœur, des déceptions. Jusqu'à quand la compréhension prendrait-elle l'avantage sur l'exaspération ?

4

Par certains aspects, j'avais continué pendant deux ou trois mois à fonctionner sur le mode africain. Comme Tamsir, je prenais mon temps, remettant au lendemain ce que me recommandait l'urgence du jour. L'organisation de mes journées était devenue floue et peu rentable, sauf qu'en France le temps n'était pas extensible. J'avais peu à peu cédé aux regards agacés par mon audace lorsque, entrant dans une salle d'attente, je saluai les personnes présentes sans recevoir d'écho. Certains haussaient les épaules pour chasser un brin de mauvaise humeur tandis que d'autres, me radioscopant, s'interrogeaient sur la raison de cette politesse intempestive. Je n'avais pas la constance dont faisait preuve Tamsir. Peut-être n'étais-je pas convaincue de l'impérieuse nécessité de faire ce que je savais juste, quitte à être rejetée ou à supporter l'indifférence de mes semblables. Certaines habitudes que je pensais avoir perdues s'étaient imposées à nouveau avec force. Placée devant l'obligation d'efficacité, j'avais enclenché le pilote automatique. Il fonctionnait bien. J'étais à l'aise en France et le rythme que j'avais naguère connu et fui m'avait rattrapée. Etais-je devenue amnésique ? Non. En Afrique j'avais changé. Il y avait eu un avant et un après-Popenguine, mais tout ici concourait à m'éloigner de l'essentiel, tandis que tout au village contribuait à m'y ramener.

Un jour, quelqu'un avait dit à Tamsir :

« Tu parles le français, tu es marié à une toubab diplômée et tu n'es *que* manutentionnaire, pourquoi ? »

Sa grossièreté n'avait pas choqué Tamsir. Il avait remarqué que les gens étaient plus fiers de ce qu'ils faisaient, surtout quand leur métier leur conférait du prestige aux yeux des autres, que de ce qu'ils étaient. Aussi n'avait-il pas pris la peine de lui répondre qu'il était un descendant direct des nobles Gelwars, princes de haute lignée, ni qu'il était le chef d'une famille d'une centaine de membres respectés dans tout son pays, ni qu'il était un homme debout sur ses pieds, fier et digne, ni qu'il allait prier pour lui. Tamsir était habitué depuis son arrivée à porter la charge du mépris que génère la différence.

Par obligation financière, je devais reprendre une activité professionnelle. Il aurait été plus facile d'endosser mon vieil uniforme de cadre commercial, confortable parce que déjà porté plutôt que d'innover, mais je ne pouvais plus déroger à mes propres règles. Je voulais aménager mes conditions de travail, tout en exerçant un métier à la hauteur de mes exigences. Je sais, c'est un privilège. Je suis devenue thérapeute Tui Na, terme abscons pour la plupart des gens.

Depuis l'âge de vingt ans, j'avais assidûment fréquenté les salles de fitness pour m'approcher du standard filiforme à la mode. J'avais connu les désastres infligés au corps, utilisé à marche forcée, tenu de ressembler à un autre que lui. Je n'étais qu'une grosse tête surdimensionnée posée sur un corps meurtri que j'utilisais comme un sac pour déplacer mes émotions et mes douleurs d'un endroit à un autre. L'inconfort était devenu permanent, le malaise une seconde peau. Quand le corps est douloureux, l'esprit est aigri et le cœur amer. Nous ne sommes pas heureux.

Un jour, à Popenguine, mon corps avait hurlé son existence. La maladie avait agi comme un signal d'alerte. Alitée durant des jours interminables dans notre maison de la plage, sans autre distraction que le ressac des vagues, j'avais exploré les confins de mon corps. Ce corps réfléchi, voire déformé par le regard des autres, était une pensée qui m'enfermait dans une représentation étroite de moi-même. Pourtant, je pressentais que j'étais vaste. Je me découvris sans limites, soluble dans l'univers. Ma peau n'était qu'une mince frontière, facile à franchir. L'anophèle, insecte femelle insignifiant, avait violé cette enceinte, mon intimité. J'étais fragile et dépendante, aussi insignifiante que cet insecte. J'en avais pris acte.

Le Vieux Seck et Mam Aby, la gardienne des fétiches du village, avaient soulagé mon corps affaibli par la fièvre et apaisé mes craintes. Ils avaient confiance en leurs mains qui savaient. J'étais perméable à cela aussi. De retour en France, j'avais étudié les soins énergétiques et le Tui Na, massage traditionnel chinois, dans une école près de Montpellier.

En pratique, ce massage sollicite des points d'acupuncture situés sur un réseau de canaux, appelés méridiens, dans lesquels circule l'énergie. Cette énergie n'est pas différente de celle qui anime les plantes, les animaux, les pierres, les planètes. Elle prend juste une autre apparence, une autre consistance. Sentir l'énergie qui circule dans son corps, c'est comprendre que l'on n'est pas séparé de Dieu ou des Esprits de l'Autre Moitié du Monde, car le corps est le support de l'Esprit, son contenant. C'est à travers lui que Dieu se manifeste et qu'il prend forme à nos yeux.

Après avoir obtenu un diplôme, j'avais ouvert un cabinet. Dès le premier jour, la salle d'attente fut occupée. En quelques mois, je comptais une clientèle fidèle qui se chargea de faire ma publicité.

Un jour, j'accueillis une femme d'âge mûr dont chaque pore de la peau criait la souffrance. Son dos était bloqué depuis des années, au point qu'elle ne puisse pas dormir plus de quelques minutes dans la même position. Elle s'en accommodait. Que faire d'autre ? Les multiples examens et autres scanners s'étaient révélés impuissants à fournir une quelconque explication et, de fait, il n'y avait aucun traitement susceptible de la soulager. Ma tâche était à la hauteur de sa souffrance. Une technique, aussi sophistiquée soit-elle, n'est pas suffisante lorsque la douleur dépasse l'unique cadre du corps. J'avais posé mes mains à plat sur son dos, respiré profondément. Les yeux fermés, j'avais senti les mains du Vieux Seck, le masseur aveugle de Popenguine, posées sur mes épaules. J'étais reliée à la chaîne des Ancêtres et j'escomptais leur aide. J'avais respiré à nouveau puis j'avais ouvert les yeux. Je soignais, mais la guérison ne viendrait pas de moi. Mes mains se posaient là où elles étaient attendues. Le corps sait ce qui est bon pour lui, il collabore et se répare si on l'écoute, si nous ne le faisons pas taire avec des antalgiques. A la fin de la séance, la dame s'était assise sur le bord de la table, les jambes pendantes, puis elle avait parlé. Les mots étaient sobres et précis pour dire la souffrance accumulée depuis l'enfance et le froid qui l'habitait, qui engourdissait les muscles de son dos. Le froid d'une pierre tombale. Elle était morte avant d'avoir vécue, muselée. La chaleur de mes mains avait libéré sa parole. Elle s'était guérie et pouvait désormais lâcher les douleurs dorsales, artifice qui la raidissait, mais qui lui avait paradoxalement permis de tenir debout durant toutes ces années.

Les hommes se massent depuis la nuit des temps mais notre société, méfiante, a banni le toucher, rejetant les contacts corporels dans la sphère intime. Poser une main amicale sur l'épaule est douteux. Prendre autrui dans ses bras éveille les soupçons. S'asseoir sur des genoux accueillants est malsain. Entrer en contact par la chair est pervers. C'est ce qui explique mes mésaventures.

Je reçus un homme, la quarantaine, de belle allure, qui se plaignait de douleurs lombaires insupportables. Je lui demandai de se déshabiller, et il se mit entièrement nu.

« Vous pouvez garder votre slip, lui avais-je dit.

— Je suis plus à l'aise comme ça, répondit-il en ajoutant : Si cela ne vous dérange pas. »

Cela ne me dérangeait pas. Voir un corps nu était naturel. Il se coucha sur le ventre. Après quelques minutes, je lui ai demandé de se retourner sur le dos. Le monsieur avait une érection remarquable. Je ne m'en offusquais pas, connaissant les effets secondaires d'un massage, néanmoins l'attitude du monsieur changea lorsqu'arriva la fin de la séance.

« Vous ne branlez pas ? demanda-t-il perplexe.

— Non monsieur, lui ai-je répondu, souriant intérieurement.

— Je ne peux pas rester comme ça ! » me dit-il misérable.

J'avais pitié de cet homme, blessé dans son attente et humilié, couché sur une table, le sexe bandé, implorant un soulagement qui ne viendrait pas.

« Je ne peux pas rester comme ça, répéta-t-il.

— Je vais aller dans la salle d'attente. Débrouillez-vous. »

J'avais patienté quelques minutes puis j'étais entrée dans le bureau. Le monsieur s'était habillé, avait posé des billets sur la table avant de partir sans se retourner.

Je commençais à me méfier des appels provenant de téléphones portables, passés par des messieurs aux alentours de quinze heures. Je précisais sans détour que « je ne faisais pas les finitions » comme l'un d'entre eux me l'avait demandé. Il n'y avait aucune ambiguïté dans mes réponses. Cependant, cela ne décourageait pas les plus audacieux, qui trouvaient une excitation supplémentaire à contourner un interdit.

Trois soirs plus tard, j'avais pris la mesure des risques que j'encourais en recevant, sans le savoir, des hommes prêts à satisfaire leurs désirs les plus obsédants. Contrarié par le malentendu de ce scénario qui devenait récurrent, un culturiste, clone de Monsieur

Propre, épilé et rasé, manifestement pris de boisson, était devenu menaçant. Il relevait sans cesse son buste glabre et body-buildé pour poser un œil sale sur l'érection qui tendait son slip. Son désir inassouvi le rendait très agité. Son regard était vitreux, comme s'il avait déjà perdu le contrôle de lui-même et qu'il avait choisi une solution à sa portée : le viol. J'avais déroulé un protocole de massage « antistress » destiné à l'apaiser et à me donner le temps nécessaire pour réfléchir.

J'avais évalué chaque seconde, consciente de sa force et de ma vulnérabilité. Il faisait nuit dehors et j'étais seule. Tout à coup, la panique m'avait gagnée. L'homme bondissait de la table, sa masse me plaquant contre le mur et ses doigts serrant ma gorge pour m'empêcher de crier. Il jappait des insanités en me mordant le lobe de l'oreille, fourrageant son sexe durci contre le mien. J'avais fermé les yeux pour chasser cette vision et recouvrer mon calme. J'avais envisagé de sauter par la fenêtre plus proche que la porte, mais qui aurait demandé plus de temps à ouvrir. Un coup d'œil circulaire m'avait renseignée sur l'absence d'objet contondant à ma portée. Au mieux, je disposais d'un clou posé sur la table où je rangeais mes accessoires de travail. Planté judicieusement et l'effet de surprise aidant, cela me donnerait quelques secondes suffisantes pour m'échapper. Mes plans de fuite étaient hasardeux. J'avais de nouveau fermé les yeux et j'avais prié : « Qu'il advienne ce qui doit arriver. » Puis, j'avais concentré toute mon énergie dans mes mains et placé la suite à venir entre celles de Dieu.

Le massage avait fait son effet. L'homme s'était calmé. Il s'était levé, s'était habillé sans dire un mot, puis il était parti sans payer.

Je m'étais lavé les mains comme après chaque massage, laissant l'eau emporter l'énergie de l'autre. Je m'étais regardée, dans le miroir accroché au-dessus du lavabo. J'avais souri. J'avais eu peur ce soir-là, une peur viscérale, instinctive, fichée dans ma mémoire et qui cadenassait mon sexe depuis l'adolescence. Je l'avais affrontée en guerrière, froidement.

J'ai poursuivi mon travail, en prenant soin de ne plus recevoir des inconnus en consultation.

Le massage était, pour certaines femmes, leur dernier recours. Elles cherchaient un contact corporel innocent et maternant, sans ambiguïté et sans finalité. Elles étaient nombreuses à me dire leur difficulté à trouver leur place dans cette société, où les hommes ne sont pas les hommes dont elles ont besoin. Des hommes mûrs, des hommes sûrs, des hommes qui se tiennent debout sur leurs pieds. « Celui qui a quelqu'un pour soutenir sa tête relâche son cou », dit un proverbe africain. Je massais des femmes dont les cervicales étaient bloquées et le bassin figé. Elles restaient en apnée, réticentes à s'étaler sur la table de peur de confier leur fardeau. S'abandonner était risqué, c'était rompre la digue qui retenait leurs frustrations et leurs souffrances. Tous les viols, toutes les grossièretés, toutes les maladresses des hommes, tous les enfantements depuis tant de générations immobilisaient leurs hanches et obstruaient les utérus. Grossesses difficiles, stérilité, absence de plaisir, douleurs des reins. L'énergie de vie des femmes était empêchée, mobilisée dans une multitude de tâches secondaires. Je les touchais et je ressentais un immense gâchis. Un gâchis d'amour.

5

Nous devions quitter le logement que ma mère nous prêtait. Mon enthousiasme naturel fondait au vu des bulletins de salaire, des quittances et du tas de cautions que nous n'avions pas et que je devais présenter pour louer un appartement. Les propriétaires craintifs n'obtenaient jamais assez de garanties. A Popenguine, on concluait un accord en gageant son honneur, la confiance était la règle. En France, il fallait se protéger de tout. Assurance maladie, assurance chômage, assurance vieillesse, protection contre les catastrophes naturelles, et même assurance sur la vie... Vivre est un risque en effet, mais doit-on s'en prémunir ?

Les Ndiaye sont au Sénégal ce que les Dupont sont à la France mais, pour les agences immobilières, Ndiaye rimait avec racaille. Aussi ai-je préféré utiliser mon nom, patronyme à la consonance française irréprochable, tandis que Tamsir priait ses Ancêtres.

Leur influence ne tarda pas à se manifester car une semaine avant la naissance du bébé, nous emménagions dans un logement social qu'un employé avait omis d'inscrire depuis des mois sur la liste des appartements vacants. Comment ne pas croire que le destin ou, si vous préférez, les Esprits de l'Autre Moitié du Monde, nous épaulaient malgré tout ?

Nous avions installé le peu de mobilier que nous avions récupéré de-ci de-là, un huissier n'aurait rien pu emporter. Tamsir s'étonnait de voir que les gens dépensaient beaucoup d'énergie et d'argent pour choisir des bibelots dont la profusion chez certains réduisait dangereusement l'espace vital.

Mon départ en Afrique avait été incompréhensible et dérangeant pour presque toutes les personnes que je fréquentais car il remettait en question leur univers et contestait les valeurs qu'elles jugeaient exemplaires, faute de mieux. Il était cependant de bon ton d'afficher en ces temps-là des opinions non racistes. Tamsir devenait la preuve concrète de leurs convictions et j'avais pu imposer sa venue chez toutes sortes d'amis. La plupart toléraient sa présence exotique dans leur salon eu égard à notre passé commun, pourtant, je devinais qu'ils se demandaient comment une femme comme moi (c'est-à-dire comme eux !) avait pu épouser un type comme lui, ni riche, ni célèbre. Tamsir était assez peu dérangeant du reste, car tel un caméléon (le « cacatar », animal qu'il déteste) il maîtrisait l'art du camouflage. En retrait, il écoutait et il observait, sinon il répondait de bonne grâce à leurs sempiternelles questions portant sur la polygamie (comment expliquer que la plupart des épouses l'acceptaient sans état d'âme) ou sur le cannibalisme qui sévissaient à les en croire dans son pays (sa grande mâchoire blanche en attestait lorsqu'il mordait un steak saignant), clichés ancrés pour toujours dans l'inconscient collectif et entretenus avec ténacité pour mieux emprisonner leur esprit.

J'avais dû leur expliquer, en mon temps, que les éléphants ne broutaient pas la paille du toit de notre case, que je ne disputais pas aux crocodiles le privilège de prendre un bain dans la rivière et que mon mari ne portait plus d'os dans le nez. Le comble est que Tamsir avait vu pour la première fois un lion, totem de la famille Ndiaye, dans un zoo français.

Je riais sous cape quand parfois il pimentait son récit de détails croustillants qu'il avait inventés pour se faire mousser quelques minutes et couvrir le brouhaha des conversations qui accompagnaient les interminables repas. Mais je percevais derrière leurs anodines questions une forme de voyeurisme pervers, guettant dans l'une de ses réponses l'argument mal formulé, l'imprudence de langage, qui étayeraient leurs pensées racistes mal dissimulées. Maîtrisant la langue française, Tamsir devisait donc aimablement sur les conditions de son intégration dans leur France chérie. Non ce n'était pas trop difficile de vivre dans un pays où l'on mangeait plus que de raison, où l'eau et l'électricité étaient gaspillées sans compter, où l'on consultait son psy aussi souvent que son horoscope, oui l'égoïsme, la condescendance et la suffisance, la peur omniprésente, les rires contenus et les poses étudiées lui étaient insupportables. Il était sûr de ne jamais échanger ce qu'il était contre ce qu'ils avaient.

« Je ne m'intègre pas, je me désintègre ! » me disait-il en aparté pour ne pas les choquer.

Je voyais qu'il s'ennuyait à percer le secret de leurs pensées retorses et que tout lui semblait compliqué chez les toubabs. Pourtant, il s'efforçait de leur répondre poliment et de leur faire partager sa culture à laquelle ils ne comprenaient rien parce qu'elle ne les intéressait pas. Comment pouvaient-ils s'intéresser à autre chose qu'à eux-mêmes, qu'à l'achat de leur future voiture ou à la destination de leurs prochaines vacances ? Tamsir utilisait des mots simples pour décrire sa vie simple et c'était une énigme de plus pour eux. La simplicité de l'instant présent était un mystère pour tous.

Il n'avait rien d'autre à dire. J'aurais dû lui épargner ce genre de rencontres mais tel était son sort car tel avait été mon passé sur lequel je n'avais pas cru devoir tourner une page définitive.

6

La septième nuit du mois de septembre, j'étais assise à califourchon sur un banc de bois, face à la fenêtre ouverte. Je regardais l'échelle posée contre le tronc du cerisier qui résistait aux assauts de la ville dans le jardin d'en face. Je retardais le départ pour la maternité, profitant des derniers instants d'intimité car, bientôt, l'enfant tiré hors de moi, nous serions deux.

Parvenus aux urgences de l'hôpital, Tamsir s'empêtra dans les formalités d'admission auxquelles il ne comprenait rien. Il était paniqué. J'allais mettre un enfant au monde et il devait m'assister. Pourquoi sa mère, sa tante, et ses sœurs n'étaient-elles pas là, pourquoi lui ? Il erra à ma recherche dans les couloirs déserts de la maternité quand une infirmière se soucia enfin de sa présence hagarde. Elle lui indiqua le chemin à suivre et il s'efforça de graver dans sa mémoire embrouillée les détails de ses explications.

Pourquoi ne l'accompagnait-elle pas ? Il se sentait si seul en cet instant. Il suivit le couloir dont les murs étaient peints en rose. Il entendit les pleurs d'un bébé et fut soulagé d'être arrivé trop tard. Pourtant, une femme portant une blouse rose lui demanda de la suivre. Tamsir nota que l'on poussait le souci du détail en assortissant la couleur des tenues du personnel de l'hôpital à celle de ses murs puis lui emboîta le pas, marchant tel un condamné face à son inéluctable destin. Il entra dans la pièce sombre où je me tenais debout penchée en avant, entièrement nue, les mains appuyées sur les genoux. Tamsir n'eut pas le temps de chercher un siège. J'avais crié et, quelques secondes après, j'avais attrapé le bébé pour le poser sur ma poitrine.

Tamsir nous fixait, il regardait le corps nu de sa fille attaché au corps nu de sa femme.

La sage-femme lui avait tendu des ciseaux pour couper le cordon ombilical. Il les avait pris sans savoir ce qu'il devait en faire. Le cordon palpitait et le bébé tétait déjà mon sein. Tamsir n'avait pas la force d'interrompre cette scène. La femme avait insisté durement. Il avait approché les ciseaux en fermant les yeux pour ne pas voir la conséquence de son acte irréparable et avait pratiqué dans la chair de sa chair une séparation définitive. Il avait reculé dans un coin de la pièce, trempé de sueur, tremblant d'avoir accompli un geste impensable. Puis, il était parti.

En longeant le couloir, Tamsir était passé devant la pouponnière. Il avait regardé derrière la vitre le pieux alignement des berceaux transparents recouverts de petits draps roses. Ahuri, il avait vu les minuscules bras des bébés, poings crispés, qui s'agitaient dans le vide. Les nouveau-nés hurlaient, seuls, livrés à leur angoisse, jusqu'à s'endormir d'épuisement. Cette vision le terrifia et lui tordit les tripes. Il comprit que la suite de leur existence serait à l'image de ce départ dans la vie.

Au septième jour, nous avions réuni quelques amis toubabs et des frères congolais catholiques que Tamsir avait croisés dans la cité. La présence de ces tontons africains ajouta une touche de couleur et d'authenticité à notre petite cérémonie. Leur religion et leur nationalité n'avaient pas d'importance. On prénomma notre fille Sélimata en hommage à mon amie de Popenguine. Sélimata m'avait ouvert les portes du village. Elle m'avait conseillé de ne pas écouter les ragots que susciterait ma relation avec Tamsir et elle s'était tenue à mes côtés lors de notre mariage traditionnel. Elle m'avait accompagnée chez Yam Soda, la couturière et la cousine de Tamsir, qui avait cousu mon premier boubou, et elle m'avait assistée quand, pour la première fois, j'avais posé Mariama sur mon dos avec le m'botu. Sélimata m'avait intronisée femme dans le monde des femmes de l'Afrique. Un monde qui possède ses codes, ses lois, ses cérémonies dont les hommes sont exclus car les Africaines ne veulent pas leur ressembler, encore moins être leur égale. Elles n'ont pas abdiqué le pouvoir que leur confèrent la féminité et la maternité. C'est ce qui les rend si fascinantes, si désirables, presque inaccessibles, en tous les cas, respectées. J'avais été acceptée comme l'une des leurs, grâce à Sélimata.

Tamsir prononça les incantations à l'oreille de Sélimata : « Entre dans le monde mon enfant. La vie est bonne, tu le verras. Entre dans le monde, mon enfant et sois meilleur que tes parents. » Puis nous avions mangé et beaucoup bu en son honneur.

Quelques jours plus tard, alors que la nuit était déjà très avancée, notre voisin Léopold avait frappé à notre porte, paniqué. Sa femme Marthe avait accouché d'une petite fille deux semaines auparavant et elle se désespérait de ne pas pouvoir calmer les pleurs de son bébé. Il voulait que je les emmène toutes les deux aux urgences de l'hôpital. Dans son petit appartement, Marthe était seule, livrée à ses doutes et à ses maladresses, il lui manquait l'appui des femmes. Je la croisais souvent dans les escaliers, sa fille calée dans un porte-bébé tandis que je portais Sélimata sur mon dos dans le m'botu. Elle cherchait à gommer toute trace de ses origines et se greffait sur la tête de ridicules fausses mèches blondes pour camoufler ses cheveux crépus. Marthe n'allaitait pas non plus sa fille, préférant stériliser des biberons huit fois par jour et dépenser la moitié de ses allocations familiales pour acheter des boîtes de lait en poudre à l'effigie d'un beau bébé blond dodu et bien blanc. Son droit de vivre en France était à ce prix.

J'avais endormi la petite fille en chantonnant une berceuse sénégalaise « ayo néné, néné tuti », celle que je chantais à mes enfants, et tout le monde avait pu retourner se coucher.

Sélimata avait accepté sans difficulté ses camarades de jeux de la halte-garderie du quartier où les prénoms des enfants dessinaient la carte du monde dans la bouche des assistantes maternelles. La peau caramel de Sélimata se fondait dans le camaïeu. Mariama était devenue française en débarquant de l'avion. A Popenguine, son jeune esprit avait été préservé de la violence et de la bêtise distillées par la télévision, et elle n'avait jamais vu non plus d'ordinateur. En quelques clics de souris, elle avait pourtant compris le principe du jeu virtuel. Plongée tout à trac dans la société moderne, elle s'imbibait facilement de sa technologie et flirtait avec les dangers de la rue. Elle était à l'aise. Cependant, elle regardait avec une constance et une insistance troublantes tout ce qui avait trait à Blanche-Neige. Elle se trouvait moche. Je lui disais que je la trouvais très jolie et elle me répondait d'un ton excédé que ce n'était pas possible puisqu'elle était marron. Un jour, j'avais pris du fond de teint dans ma trousse à maquillage et je lui avais expliqué que les Françaises, blanches comme des cuvettes de WC, se tartinaient de crème marron pour lui ressembler et avoir bonne mine. Mon argument avait porté. Depuis, Mariama revendiquait ses origines africaines. A la récréation, dans la cour de l'école, elle expliquait à ses camarades éberlués qu'elle conduisait le troupeau de vaches que son père était supposé posséder au Sénégal. Les Sérers sont des nobles, des paysans, et seuls les Peuls, dont ils sont de lointains cousins, possèdent des troupeaux. C'est leur chasse gardée et nul d'ailleurs ne s'aventure à transgresser l'interdit sans s'exposer aux vols ou aux représailles.

« Les vaches ont des cornes immenses, très pointues. Et elles ont une bosse sur le dos. Il y en a des centaines rassemblées. Pas comme ici ! », expliquait-elle l'air consterné. Puis elle continuait :

« Je me levais avec le soleil pour les conduire dans la brousse avec mon bâton. Ce n'était pas n'importe quel bâton. Un bâton spécial coupé sur un arbre spécial, juste à côté de là où habite la féticheuse, celle qui fait les gris-gris qui portent chance. Je criais : "dioulouloù ! dioulouloù !" pour les faire avancer. Elles m'obéissaient parce que je les connaissais toutes. Je leur parlais et elles me répondaient, confiait-elle, remplie de fierté.

— C'est pas vrai, les vaches ça ne parle pas ! ripostait un gamin qui cherchait à capter l'attention de l'auditoire passionné par le récit de Mariama.

— Tu ne sais rien, affirmait-elle comme une sentence, poursuivant son extraordinaire récit et dédaignant le garçon qui l'avait interrompue.

— En Afrique, les hommes parlent avec tous les animaux. Ce sont les génies de la brousse qui leur ont appris. Mon père sait cela aussi. Il dépose de la poudre blanche qu'il fabrique avec du lait sur le tronc du baobab. Je l'ai vu faire. Je regardais en cachette parce que c'est interdit pour les petites filles de connaître le secret des djinns.

— C'est quoi le secret des jeans ? demandait une petite fille, tandis que Mariama lui répondait avec un ton exaspéré :

— Tu comprends rien ! Les djinns, ce sont les génies en Afrique ! Ils vivent dans un monde qu'on peut pas voir, mais des fois, ils prennent la forme d'une personne pour te parler. Des fois aussi tu les vois dans tes rêves.

— Moi j'ai peur des génies dans les rêves. Je ne veux pas en voir, disait une autre enfant, inquiète.

— Mais tu peux pas les voir *toi* ! répondait Mariama en insistant sur le dernier mot. Il faut être une Africaine pour les voir, comme moi, lâchait-elle, triomphante. Même, une fois, j'en ai vu un dans l'arbre. Ses yeux jaunes brillaient dans la nuit et j'ai vu son corps couvert de poils et ses oreilles toutes pointues.

— Il était où cet arbre ? avait demandé le petit garçon sceptique.

— A N'Diayen. C'est là qu'il y a le baobab sacré de ma famille. C'est là que vivent tous mes cousins et tous mes tontons. J'en ai seize ! Ils sont pêcheurs, et ils m'emmènent toute la journée avec eux dans la pirogue. On va très loin pour attraper beaucoup de poissons. Et le soir, c'est moi qui les vends au marché. »

La fin de la récréation s'annonçait. Les enfants regagnaient la salle de classe, étourdis par cette histoire. C'était mieux que dans les contes. Et comme dans les contes, Mariama avait inventé. Chaque jour, elle imaginait de nouvelles aventures, construisant son identité et tissant sa légende.

Sélimata écoutait avec délectation sa grande sœur évoquer ce pays qu'elle n'avait pas connu. L'Afrique était mystérieuse. Mariama lui en livrait quelques bribes en commentant les rares photos de l'album.

« Regarde, là c'est tata Astou. »

Sélimata s'appliquait à répéter « tata Astou ».

« Et là c'est la pirogue de papa, à côté des moutons. Et là, c'est Mariama dans le manguier. » Pointant avec son doigt les souvenirs qu'elle égrenait pour elle-même autant que pour sa sœur. Elle ne voulait pas oublier le Sénégal. Le raconter à Sélimata était une façon de le faire revivre, comme Mam Oumy, sa grand-mère, le faisait en chantonnant sa généalogie sérère à son oreille. Mariama s'appropriait l'Afrique, elle la faisait sienne. Comme si elle pressentait l'enjeu et le défi du métissage qu'elle devrait relever.

Sélimata avait été conçue à Popenguine, mais elle était née en France. Pourtant, elle n'avait pas besoin de se souvenir. Elles était une nitou n'dokh.

Un jour, Sélimata était entrée dans une terrible colère dont rien ne parvenait à l'arracher. Elle se tordait au sol, les yeux révulsés, en hurlant et en bavant. Je l'avais prise dans mes bras, mais elle s'était débattue comme une démente en me griffant et en me crachant dessus. Je l'avais reposée par terre, impuissante à la calmer. Soudain, elle s'était immobilisée comme morte. J'avais soulevé une poupée de chiffon, inerte, les yeux clos. Je la secouais violemment pour la tirer de l'Autre Moitié du Monde dans laquelle elle se laissait couler. Et puis, elle avait ouvert les yeux, molle, comme vidée de sa substance vitale. Epuisée, elle s'était endormie.

Cette scène m'était familière à Popenguine. Mariettou était une possédée, comme Mariama, la sœur de Tamsir, comme tant de femmes au village et je savais que tôt ou tard le pangol de la famille Ndiaye se manifesterait. Sélimata est une nitou n'dokh, une fille du Peuple de l'Eau. Elle cherche à retourner dans ce monde limpide et bienheureux, c'est pourquoi la féticheuse l'a fixée symboliquement à un baobab réputé du village pour la contraindre à rester dans le monde des vivants. En attendant, elle flotte parmi nous, parcourant des territoires auxquels nous n'avons pas accès. Elle échappe à la condition de mortelle par des voies inconnues, pénétrant dans l'Autre Moitié du Monde. C'est l'Afrique qui s'éveille en elle, l'Afrique et ses mystères. L'Afrique mystique. L'Afrique des premiers âges.

Je me demandais si nos filles étaient plus françaises qu'africaines ou si c'était l'inverse. Elles sont entièrement ce qu'elles sont, elles ont la couleur de leur cœur, pour inventer demain.

7

Trois ans avaient passé. Nous vivions enfermés dans les transports, dans l'appartement, sur nos lieux de travail, enfermés sur nous-mêmes. Le rythme de notre quotidien était devenu monotone, uniforme et absurde. Notre vie était chronométrée, le temps menotté par nos bracelets-montres. Le temps qui n'existait pas à Popenguine.

Un jour, Tamsir qui ne se plaignait jamais et qui parlait peu, me confia combien il se sentait à l'étroit dans cet uniforme de citadin occidental. A l'étroit dans l'appartement, à l'étroit dans les rues bordées d'immeubles qui cachaient le ciel, à l'étroit dans le métro sous terre, à l'étroit dans les relations superficielles, à l'étroit dans une vie conditionnée et sans spontanéité. Devinait-il, malgré les apparences trompeuses, que j'éprouvais la même sensation? Nous n'avions ni le loisir ni même l'envie d'en discuter. Cette existence réglée nous étouffait comme un python de la savane étouffe la chèvre, en l'ingurgitant par saccades pour mieux la digérer. Si Dieu a créé l'Homme à son image, les toubabs ont créé les robots à leur image.

Je ne voulais pas que nous devenions des machines.

Pourtant, je criais : « Dépêchez-vous ! Mais ne restez pas plantés comme des souches ! On est en retard. C'est incroyable, tous les matins c'est pareil... » Oui, tous les matins étaient identiques, les mêmes exhortations, la même bousculade pour faire grimper les enfants dans la voiture qui les emmenait à l'école. « Dépêchez-vous les filles ! », et je n'entendais pas Sélimata me dire qu'elle avait dessiné un soleil tout jaune et tout rond, ni Mariama qui ne se donnait même plus la peine de me tenir informée de sa journée. Elle avait deviné qu'entre les deux oreilles de sa mère, il y avait un cerveau accaparé par autre chose qu'elle. Elles devaient être prêtes chaque matin pour un nouveau marathon. Mariama se pliait à la règle mais Sélimata résistait. Elle était viscéralement incapable de se dépêcher, c'était une nitou n'dokh. Rien ne l'atteignait. Elle était le grain de sable qui empêchait mon monde toubab de tourner comme une horloge. Je bousculais Sélimata, brisant l'harmonie enfantine de ses premières années, tentant de forcer sa détermination à vivre à son rythme. Sélimata pleurait en me regardant droit dans les yeux, laissant couler des sanglots lourds de désespoir et de haine. Je lui volais son insouciance, son temps, sa joie d'être une petite fille. Elle me détestait et me faisait payer mon mépris en mouillant sa culotte. Je la grondais. Sélimata pleurait sa tristesse de ne pas être comprise. Je m'enfermais dans une brutale ignorance. Mariama avait appris à tracer ses premières lettres sur le sable de la plage de Popenguine, elle avait grandi libre et joyeuse. C'était l'éducation que je voulais pour nos enfants, ce n'était pas celle que je pouvais leur donner ici.

Sélimata m'avait demandé :

« Maman, pourquoi nous ne vivons pas en Afrique ? »

Je n'avais rien pu lui répondre car sa question me tourmentait. Je pensais parfois au départ mais la perspective de tout reprendre à zéro, une fois encore, réfrénait mon ardeur. Bon an, mal an, les jours passaient, les semaines passaient, les mois passaient, tous semblables, sans changement.

Tamsir puisait son courage dans notre famille car dans l'intimité de notre foyer, l'Afrique ressuscitait parfois. De temps à autre, je préparais un mafé, son plat préféré, celui que je lui avais préparé le premier soir, quand je l'avais invité dans le petit cabanon que je louais sur la plage de Popenguine.

Ces soirs-là, je mettais aussi plusieurs rangées de bin-bin en perles autour de ma taille et je brûlais du tchouraï dans notre chambre. L'odeur de l'encens réveillait nos souvenirs. A Popenguine, Tamsir sentait le feu de bois et le poisson. L'odeur forte qu'exhalait sa peau de Nègre chavirait mes sens. Je fourrais mon nez dans le creux de son épaule encore mouillée de sueur, reniflant avec délectation. Mon corps frémissait. Tamsir m'attirait contre lui et mes hanches se heurtaient à la rudesse de sa ceinture de gris-gris. De nos corps qui se touchaient naissait un seul et même espace de sensations. Je me laissais contraindre par son bassin, accrochée au relief des muscles de son dos. Offerte, je devenais une femme instinctive, à l'état brut. Une vraie femme.

D'autres jours, je posais par terre la natte tressée jaune, orange et bleue ramenée de Popenguine et je mettais au centre le bol de fer étamé contenant le repas. Les enfants étaient solennelles, les fesses posées sur les talons, attendant que leur père ait pioché une boulette de riz malaxée dans la sauce. Elles observaient ses gestes pour s'approprier les codes de la Tradition.

Mariama était fière d'être une Négresse, comme son Nègre de père. Elle prenait un air important, le menton relevé, les épaules rejetées en arrière, les mains posées à plat sur ses genoux. Elle se souvenait qu'avant, dans la concession de ses grands-parents à N'Diayen, elle mangeait avec la main, accroupie autour du bol avec ses cousines. Seule la couleur plus claire de sa peau la distinguait des autres fillettes.

Cette initiation lui conférait du prestige aux yeux de sa petite sœur qui cherchait à troubler sa pose hiératique en faisant des grimaces. Sélimata pirouettait autour de la natte, excitée par ce repas pittoresque, incapable de se maîtriser. Mariama gardait le regard imperturbable de celle qui sait ce qui est important et réprimandait sa sœur, lui enjoignant de se tenir tranquille. Le repas terminé, je dépliais mes genoux endoloris, ce qui faisait rire les enfants aux éclats.

Tamsir tapait le djembé, Mariama battait la cadence et Sélimata dansait. Leur père parlait en ouolof et Mariama racontait en s'étranglant de rire le jour où les frères de son père nous avaient débarqués précipitamment sur une plage déserte, entre Popenguine et Guerrow.

Nous nous promenions en pirogue quand soudain Tamsir avait repéré un banc de poissons. Nous étions trop nombreux à bord pour qu'ils puissent pêcher sans être gênés. Ousmane, son frère, avait manœuvré la pirogue pour accoster. Nous avions de l'eau jusqu'aux épaules et je tenais les bras levés au-dessus de ma tête pour protéger le sac de sandwichs. La pirogue s'était rapidement éloignée, nous abandonnant Mariettou, les enfants et moi à la grâce de Dieu. Nous ne faisions qu'une avec nos ombres tant le soleil était haut et nous avions cherché de quoi fabriquer un abri. Adossées au flanc d'une pirogue échouée, nous réfléchissions à une solution. Ibou avait déniché quatre bâtons auxquels nous avions attaché nos pagnes. Nous nous étions pressées sous cette tente de fortune, trop étroite pour couvrir nos pieds, dont la plante fragile n'avait pas tardé à griller. La chaleur nous faisait somnoler quand tout à coup Mariettou avait poussé un hurlement. Elle avait détruit notre précaire installation en se levant d'un bond puis s'était mise à sauter comme une possédée, entortillée dans les pagnes au bout desquels pendaient les bâtons. Et harnachée de la sorte, elle s'était jetée dans l'eau. Ibou brandissait les bâtons, tordu de rire. Ils étaient infestés d'énormes fourmis noires très goulues qui s'étaient vengées en mordant cruellement les fesses de Mariettou. Tout le monde avait abandonné le campement pour se jeter dans la mer et trouver un semblant de fraîcheur. La pirogue était à portée de voix et j'avais mouliné de grands gestes pour leur faire comprendre que ma peau de rousse ne tolérerait guère plus longtemps l'absence d'ombre. Enfin, ils étaient venus nous chercher. Non qu'ils aient eu pitié de nous, mais parce que les poissons rechignaient à se laisser prendre et que les hommes avaient soif. Mariettou jura qu'elle ne monterait jamais plus à bord d'une pirogue car sa mésaventure confirmait que ce n'était pas la place d'une femme.

La scène évoquée, les rires bus, le silence se faisait, chacun de nous restant absorbé par son propre souvenir, comme pour prolonger le plaisir.

Depuis de longs mois, je me bornais à assurer la gestion domestique de notre quotidien. Cela suffisait à monopoliser mon emploi du temps, confinée dans un seul rôle, celui de la femme active. J'entendais sans écouter, apparemment présente et réellement nulle part. Je me ratatinais, faisant toujours plus en moins de temps. Les nombreux appareils ménagers qui encombraient le logement et vidaient notre compte en banque ne suffisaient pas à entretenir la maison. Tamsir m'aidait dans les tâches ménagères, ce qui lui aurait valu d'acerbes critiques à Popenguine. Il en était contrarié.

Au village, les rôles étaient répartis. Il pêchait pour nourrir la famille, j'entretenais le foyer. C'était simple et cela nous convenait. Tamsir ne comprenait pas pourquoi les femmes se plaignaient ici de ce type de partage qui était la base de l'équilibre de la société sérère.

Je lui avais expliqué en haussant le ton pour mieux justifier ma diatribe que les femmes ne voulaient pas être cantonnées à des rôles d'épouses et de mères parce qu'il était inadmissible qu'elles dépendent d'un homme qui avait tout pouvoir sur elles, qui les méprisait et qui les abandonnerait au premier jupon passé. Les femmes revendiquaient leur indépendance, surtout financière, et l'égalité avec les hommes. C'est pourquoi elles travaillaient et que les hommes devaient prendre leur part dans les travaux de la maison. Il m'avait écoutée sans rien comprendre. Pourquoi les femmes se sentaient-elles méprisées par les hommes, et si telle était la réalité, quel type d'hommes étaient-ils donc pour être aussi stupides ?

Je commençais à douter que son amour pour moi soit assez fort pour supporter encore longtemps l'éclatement de son identité masculine africaine. D'autant que mes journées surchargées tuaient ma libido. J'avais toujours sommeil tandis que Tamsir était servi par un membre infaillible mais trop souvent dédaigné. Avec le jeu de la lumière dans les trous de la moustiquaire et le va-et-vient des vagues, l'amour naissait chaque matin, à Popenguine. Je lui préparais son premier repas fait de bouillie de mil et de lait, accompagné d'un mauvais café soluble et de quatre morceaux de sucre, ce qui était beaucoup trop à mon goût, je lui en faisais la remarque chaque matin. Je me moquais des poissons trop petits qu'il attrapait. Je le suivais en lui pinçant les fesses et en faisant claquer mes bin-bin, lui promettant un accueil particulier à son retour même s'il revenait bredouille. Il partait à la pêche, heureux. Quelle épouse étais-je en train de devenir ?

Sa journée de travail terminée, Tamsir rentrait à la maison sans faire de détours, espérant me trouver. L'appartement était vide, je travaillais trop, et il en était mécontent. Seul le chat miaulait pour l'accueillir.

Il s'affalait sur le canapé et allumait la télévision, pressant les boutons caoutchoutés de la télécommande pour faire défiler des programmes impuissants à capter son attention. Il regardait des émissions de télé-réalité, écoutant les participants confier leurs difficultés existentielles aux médias. A quoi servait l'oreille attentive de la famille, la bouche des amis et les voisins dans ce pays ? Comment était-il devenu possible qu'autant d'humains concentrés dans le peu d'espace qu'offraient les villes, soient aussi solitaires en vivant côte à côte, paient des psychothérapeutes pour écouter leurs pensées intimes et des comiques pour les faire rire ?

Il éteignait la télévision et il se connectait sur Internet pour écouter la radio Walf Fadjiri et parcourir les journaux du pays. Il ne s'attardait pas. Que faire de ces informations qu'il ne partagerait avec personne ? Parfois, il visitait des sites pornographiques. Ce qu'il voyait dépassait son entendement. Les hommes et les femmes, exposés telles des bêtes de foire dans des contorsions invraisemblables, avec ou sans accessoires, avec ou sans violence, avec ou sans perversité, lui donnaient le tournis. Il avait pitié de ces gens qui s'acculaient à de pitoyables scénarios pour procurer du plaisir à leur sexe, appelé en Afrique le crayon de Dieu. Tamsir arrêtait l'ordinateur et m'attendait. Il avait tout loisir de réfléchir.

Ici, on passait plus de temps à vivre dans des mondes virtuels que dans la réalité. Le confort ramollissait les corps et les esprits, accrochés à des habitudes ancrées dans la facilité. On avait inventé les artifices du bonheur pour rester à la superficie de la vie parce qu'il est plus simple d'ignorer les vérités qui dérangent. Il avait cru que cette société détenait des clés nouvelles pour rendre les hommes heureux et qu'elle lui fournirait des réponses hors du commun. Sa déception était à la hauteur de ses illusions.

Certes, il applaudissait le système de la Sécurité sociale et des impôts qui manifestaient la solidarité des toubabs, même si c'était une solidarité contrainte. Certes, il préférait les routes bitumées aux pistes rouges de latérite, il appréciait les rues propres et les poubelles vidées, le vin (surtout le Cornas et le Saint-Joseph), le bœuf bourguignon et le steak tartare (sans l'œuf dessus), mais ces références et ces valeurs-là n'étaient pas suffisantes, elles ne deviendraient jamais les siennes. Il avait découvert sa véritable richesse en venant en France. « A beau flotter sur l'eau, le tronc d'arbre ne devient pas un caïman. »

8

Tamsir ne fréquentait pas les autres Africains réunis en amicale, club et autres associations, fuyant un ghetto possible. Il voulait fonder son opinion sur les seules informations que lui renvoyaient ses yeux et ses oreilles, non sur les commérages de seconde main. Mais exceptionnellement, nous avions participé à une journée de soutien organisée par un collectif associatif sénégalais au bénéfice des victimes du naufrage du *Diola*, le bateau qui reliait la Casamance à Dakar. Ce rafiot bon pour la réforme transportait des centaines de passagers qui faisaient du commerce entre ces deux régions. Il avait coulé en quelques minutes, entraînant dans une mort horrible un millier de passagers et des dizaines d'écoliers qui retournaient dans la capitale. C'était quelques jours après la tragédie du 11 Septembre aux Etats-Unis dont on avait parlé jusqu'à l'écœurement. Qui se souvient de la catastrophe du *Diola* qui a tué des centaines de Nègres ?

Les amplificateurs qui grésillaient et les interminables interventions des dignitaires qui se succédaient sur le podium ne m'avaient laissé aucun doute quant à l'origine des organisateurs de cette manifestation. On avait annoncé au micro que le tiep bou dien serait servi à partir de quatorze heures, ce qui laissait supposer qu'il le serait vers quinze, dans le meilleur des cas. Personne ne protestait.

Les femmes se levaient et marchaient, déterminées, vers un objectif incertain dans le seul but de se déhancher et de faire admirer leur boubou. Puis, elles retournaient s'asseoir, dédaignant les rythmes du m'balax qui sortaient des haut-parleurs. Cette attitude ne leur ressemblait pas. D'ordinaire, les femmes ne restent pas sur leur quant-à-soi, elles dansent, elles applaudissent. La vie est faite de rythme, d'éclats de rire et de roulement de fesses ! Elles marquaient leur impatience en sautillant sur leur chaise, n'osant pourtant pas rompre l'atmosphère pesante de retenue contrainte. Le tiep bou dien servi à quinze heures trente n'avait pas suffi à les ramener en Afrique, et personne n'avait dansé.

Tamsir n'aimait pas ces parodies de vie africaine. Il jugeait certains de ses frères dénaturés.

J'avais remarqué, ce jour-là, qu'il tenait ses épaules relevées comme pour se protéger d'un malheur. Son corps lui était devenu inconfortable, c'était un signe.

Il n'avait jamais privilégié aucun des deux bouts de son corps, sa tête ou ses pieds. Penser sans agir n'a pas plus de valeur que d'agir sans réfléchir. Tamsir était désormais, comme beaucoup, à côté de ses pompes, ignorant lui aussi où ses pieds le conduisaient. « Si tu ne sais plus où tu vas, retourne d'où tu viens », dit un proverbe sénégalais. Tamsir pria, invoqua les Ancêtres et rameuta tous les Esprits de l'Autre Moitié du Monde, j'étais prête à sacrifier pour lui des coqs blancs, des poules noires et à enfoncer des épingles dans des poupées de cire pour que cet épisode de notre vie trouve une issue heureuse. C'est alors que des particuliers lui proposèrent du travail dans un petit village ardéchois, Alboussière.

Nous avions emménagé dans une maison qui faisait partie d'un lotissement la veille de la rentrée scolaire. La directrice de l'école avait noté le prénom et le nom de nos enfants, difficiles à orthographier. Ndiaye? Etrange consonance dans le nord de l'Ardèche rurale.

Nous avions rapidement pris nos marques dans le village. Il faut dire que l'on en avait vite fait le tour. Sept cent quatre-vingts âmes, et un taux de natalité supérieur à la moyenne nationale, s'éparpillaient sur la commune, chiffre qui doublait pendant l'été avec l'afflux de vacanciers et d'étrangers, surtout des Hollandais. Certaines maisons cachaient encore leur façade faite de pierres sèches derrière un enduit cimenté gris, preuve de modernité, mais la plupart d'entre elles faisaient crânement paraître la rusticité de leurs murs. La mode avait changé. L'authenticité du terroir l'emportait sur les progrès venus de la ville.

Le jour de la rentrée, une enfant qui n'avait jamais vu un Nègre de près, demanda à son père : « Pourquoi est-ce qu'il est noir le monsieur ? » Le père était gêné par la question posée tout haut par sa fille et par l'absence de réponse sensée qu'il pouvait lui donner. Tamsir lui avait répondu :

« La couleur noire protège ma peau des brûlures du soleil qui brille tout le temps dans mon pays. »

L'enfant, qui tenait une réponse satisfaisante, était partie rejoindre ses camarades, laissant son père confus de cet échange. Tamsir l'avait mis à l'aise.

« Les enfants sont curieux. Il faut leur répondre franchement. Il n'y a de problème que dans l'hésitation qui laisse la place à la méfiance puis à la peur et au rejet. Je m'appelle Tamsir. Tamsir Ndiaye. Je suis sénégalais. Nous sommes arrivés hier.

— Je m'appelle Sylvain. » L'homme lui avait tendu la main en souriant, point de départ d'une véritable amitié.

Je ne comprenais pas la gêne des toubabs. La peau de mon mari est noire, c'est la stricte vérité. Pourquoi dire « Black » ou utiliser des périphrases alambiquées du genre « personne issue d'une minorité visible » pour décrire une réalité banale et minimiser le propos ? Dire que les toubabs sont blancs n'est pas une insulte. Pourquoi l'inverse n'est-il pas vrai ? Ces précautions de langage cachent la difficulté de voir les Nègres pour ce qu'ils sont, à savoir des hommes, sans autre qualificatif superflu. Les Blancs sont des Nègres décolorés, c'est cela qui les dérange.

Décembre était passé, loin de la profusion indécente des grands magasins et des faux Pères Noël dont les baskets sortent de la houppelande, les mêmes baskets qui dépassent des djellabas que portent les hommes trop barbus pour être honnêtes.

La neige avait accompagné le mois de janvier, la burle soufflait et formait de hautes congères le long des sentiers qu'empruntait Tamsir sur son scooter. Son enthousiasme s'était soudain gelé. Il préférait sans nul doute les étendues arides et chaudes de la brousse africaine à celles toutes blanches et glacées de la campagne ardéchoise. Les unes n'étaient certainement pas pires que les autres mais son corps était habitué aux premières. A Popenguine, on cessait de travailler aux heures brûlantes de l'après-midi, quand il est vain de lutter contre l'implacable nature. On respectait les limites du corps. Ici, on le méprisait en s'acharnant au-delà du raisonnable.

Notre maison jouxtait un hospice de personnes très âgées. Ce n'étaient pas des seniors comme on dit maintenant, c'étaient des vieillards. Les seniors ne sont pas des Vieux. Enfin, ils n'en ont pas l'apparence. Ils font du parachutisme, du roller ou de la moto. Ils voyagent et ne dédaignent pas les plaisirs de la chair. Ils ont l'esprit allègre, ils ont remodelé leur allure et lifté leurs rides. Ils commencent à vivre à l'âge de la retraite. Leurs corps rajeunis capturent le temps dans une tentative désespérée d'immortalité. L'apparence de l'éternelle jeunesse, satisfaite par la chirurgie esthétique et les médicaments qui remplacent la nature qui se refuse, atténuent la peur de la mort qui se profile. Question essentielle à laquelle ils n'ont prêté aucune attention au cours de leur existence. Pourtant, l'instant de la mort est le moment le plus exaltant à vivre, celui où l'on reçoit la réponse à ce grand mystère.

En Afrique, il existe des recettes pour vivre centenaire. C'est déjà mieux que rien. En voici une. Mettre dans une marmite de terre neuve pleine d'eau trois paquets de racines de sagouan, des racines de n'importe quelle plante poussée sur une tombe, une tige feuillue de mil. Verser sur ces éléments le sang d'un coq rouge égorgé et faire bouillir, y compris la tête et les pattes de l'animal immolé. Laisser refroidir une semaine. Le huitième jour, puiser l'eau du canari* pour se laver. Répéter sept fois le bain.

* Le canari n'est pas un autre volatile à sacrifier mais une jarre qui contient l'eau de la journée.

Tamsir m'avait demandé :

« Pourquoi les Vieux refusent-ils de vieillir ?

— Ils repoussent l'inéluctable échéance car ils n'ont pas profité de la vie. Ils veulent se donner une ultime chance de faire ce qu'ils n'ont pas pu faire, de dire ce qu'ils n'ont pas osé dire, de donner ce qu'ils ont égoïstement gardé et de recevoir ce qu'ils n'ont pas su prendre.

— Pourquoi ne l'ont-ils pas fait quand il en était temps ?

— Justement parce qu'ils n'avaient pas le temps ! », lui avais-je dit.

Le temps n'est qu'un concept, il n'existe que par ce qu'il contient, jouissances ou regrets.

« Ceux qui ont peur de la mort n'ont pas vécu, ils ont eu peur de la vie. Peur de prendre des risques, peur de se tromper, peur de souffrir, peur d'aimer. Quand on a vécu une existence faite de tristesse et d'espoir, de crainte et de joie, de souffrance et de bonheur, de décès et de naissances, de rires et de chagrins, sans en rejeter rien, on peut mourir sereinement. La connaissance de ce secret prend toute une vie. Occupé à d'autres choses, on ne perce jamais le mystère », avait ajouté Tamsir.

La maison de retraite était spécialisée dans les maladies appelées pudiquement invalidantes, mais autant parler de sénilité moribonde. Le personnel médical dévoué installait les fauteuils roulants en cercle dans la salle commune et retournait à leurs obligations de service. Le cercle des Vieux avait ses habitués muets et sans révolte. Posés là comme des objets encombrants, ils attendaient que sonne l'heure du repas, seule réjouissance dans la monotonie de leur quotidien. C'étaient toujours les mêmes qui se faisaient face.

Il y avait le Vieux intubé, qui gardait toujours la bouche ouverte à la recherche d'un souffle de vie.

Il y avait la Vieille recroquevillée sur elle-même, la tête posée entre ses bras qui ne se dépliaient plus, comme pour la soustraire à la vue des corps misérables que personne ne touchait plus, une façon de se protéger des regards ployant de solitude qui la renvoyaient à sa propre détresse.

Il y avait cette autre Vieille qui ne cessait pas de trembler. Parkinson ? Non, elle tremblait de peur. Peur de n'être qu'une épave inutile abandonnée à son sort, la mort prochaine. Elle attirait un peu de compassion sur son corps tressautant et absurde lorsqu'elle recevait des soins.

Il y avait aussi le Vieux qui ne pouvait plus relever la tête, courbé par des années de soumission. Ses yeux ne voyaient que son ventre creusé par la tristesse.

Et cet Autre aussi, toujours en position allongée, la

tête rejetée en arrière et les yeux fixés sur le plafond, attendant qu'une mouche s'y pose pour le distraire de son ennui.

A côté, la Vieille déjà partie pour l'Autre Moitié du Monde mais que les médecins s'obstinaient à maintenir grabataire à l'aide de machines. Et Celle-ci dont les médecins disaient qu'elle avait la maladie d'Alzheimer. Elle oubliait jusqu'à sa propre existence. Elle préférait oublier ce monde qui l'oubliait.

Dans la salle commune, le cercle des maudits de la vie, le cercle des promis à la mort, partageait l'attente d'une agonie désespérante qui n'en finissait pas.

Tamsir ne pouvait pas admettre la réclusion des Vieux. Moi non plus d'ailleurs, même si nous avions placé il y a près de vingt ans ma grand-mère dans une de ces maisons de retraite confortables parce que, disions-nous, nous n'avions pas le choix. Elle perdait la tête, les clés et son chemin. Nous nous étions mollement résignés à l'inacceptable qui n'avait pas tardé à se manifester. Quelques mois plus tard, au cœur de la chaleur suffocante d'août, ma grand-mère avait fugué. Après une nuit et une matinée de recherches à battre la campagne de l'Arbresle, nous l'avions retrouvée dans les coteaux plantés de vignes, morte. Sa mort avait soulevé des questions gênantes auxquelles la gendarmerie n'avait jamais donné de réponse.

« Quelle sorte de sagesse peut émerger du cœur

aigri de ces vieillards, emplis de questions et de ressentiment, morts seuls ? », m'avait demandé Tamsir. Il avait raison, une société qui néglige ses futurs Ancêtres est à la dérive.

Au-dessus de la place de la Bascule où une énorme balance pesait le contenu des tracteurs, meules de foin, récolte de maïs ou cochons à vendre, il y avait le bureau de tabac. Minuscule magasin où on pouvait acheter des cigarettes, la presse et, le jeu favori des Français, des tickets à gratter qui promettent le bonheur dans l'abondance des euros gagnés.

On y trouvait aussi des livres qui racontaient l'Ardèche marquée d'énormes pierres mégalithiques que les Anciens dressaient pour défier les dieux ou qu'ils couchaient pour les soumettre à la volonté des Esprits. Ces guérisseurs ardéchois utilisaient eux aussi des procédés magiques issus de la Nature pour entrer en contact avec l'Autre Moitié du Monde.

L'Ardèche, comme à Popenguine, c'était surtout des paysans soumis à une nature austère, inconciliable, c'est sûr, avec le confort des hommes, mais pas avec leur bonheur. Tamsir avait plus de choses en commun avec ces gens-là qu'avec ceux, obsédés par leur désir de progrès et de toute-puissance factice qu'il avait côtoyés en ville. Un langage était possible au-delà de la question du développement économique. Partout et pour tous, il était difficile de faire sa place dans le monde, partout la terre, le partage et l'entraide induits par la vie communautaire étaient des piliers sûrs pour bâtir une existence.

Alboussière n'était pas un trou perdu. Les pentes raides des coteaux dictaient leurs règles et avaient contraint les hommes à bâtir de leurs mains des kilomètres de murs en pierre pour étager les cultures et que soient tenues les promesses de la terre. Les routes sinueuses de montagne obligeaient à compter les distances d'un village à l'autre en temps et non en kilomètres, comme en Afrique. On mettait le temps que l'on mettait, ni plus, ni moins. Nous pouvions vivre en autarcie sur ce plateau rugueux, sans emprunter la route sinueuse qui conduisait « en bas ».

Excepté ce 23 novembre 2004. Il était cinq heures du matin. Tamsir détacha la ceinture de son pantalon, geste séculaire chez les Sérer, pour m'aider à accoucher. Il tenait Mariama par la main gauche et Sélimata par la main droite, toutes deux fascinées par le gyrophare bleu du camion des pompiers qui éclairait la fin de la nuit. Debout ensemble, ils m'avaient regardée monter seule dans le fourgon rouge et m'asseoir à califourchon sur la planche qui servait de lit.

Je demandais intérieurement au bébé de patienter à chacun des virages, cent treize pour être exacte.

Les pompiers, soulagés d'avoir échappé à l'heureux événement dans leur camion, poussèrent le chariot à toute allure dans le couloir qui menait aux urgences. La sage-femme qui m'accueillit était paniquée. « Je ne sais pas faire comme ça ! » répétait-elle en me voyant assise sur le bord du chariot, les jambes écartées. Tant pis. Il fallut faire ainsi parce que le bébé naissait et que rien ne pouvait plus l'arrêter. Un garçon était né. Sept jours plus tard, Tamsir murmura son prénom à son oreille et il fit son entrée officielle dans le monde des vivants. Il devint Tierno Gaskel, qui signifie Maître, en hommage à Tierno Bokar, le sage de Bandiagara, et à notre ami Gaskel, son parrain.

J'avais toujours entendu Gaskel rejeter l'archaïsme du Sénégal qu'il n'avait pourtant jamais quitté et vanter la société occidentale. Il rêvait d'obtenir une bourse pour poursuivre ses études en Europe. Il l'obtint et c'est en Suisse, asepsie totale, qu'il débarqua pour terminer son troisième cycle d'études sur l'environnement. Il réalisait son vœu. Un soir, le téléphone sonna à Alboussière.

« Bonsoir, c'est Gaskel.

— Eh ! Comment vas-tu ? Où es-tu ?

— A Lausanne, répondit-il avec un rire forcé qui trahissait l'étendue de son abattement.

— Alors ? C'est comment chez les toubabs ?

— C'est dur. C'est tellement dur, répéta-t-il comme pour se justifier.

— Qu'est-ce qui est dur ? Le froid ?

— Tout. Le froid bien sûr. Mais comment peut-on vivre ici ? »

La question était si naïve qu'elle n'avait pas de réponse.

Tamsir l'avait encouragé à la lumière de sa propre expérience. Qu'est-ce que quelques mois à l'échelle d'une vie ? Il lui avait rappelé que d'autres avant eux avaient vécu cette expérience et que d'autres après eux la vivraient encore. Ce n'était qu'une expérience, une sorte d'initiation.

« Allez, courage Gaskel ! Pense aux Ancêtres qui sont venus contraints et forcés et qui ne sont jamais repartis. Pense à tous ceux qui sont morts d'avoir cherché la Terre promise si loin de la poussière trop sèche de nos villages. Nous, nous retournerons chez nous ! »

En effet, quelques mois plus tard, c'était en septembre, Tamsir perdit son emploi. Il m'avait fait part de cette nouvelle sur un ton tranquille et tout mon être s'était craquelé. Je refusais que les peurs qui me protégeaient encore cèdent et me livrent, nue, aux exigences de la vie. Mon esprit indécis était troublé par une question qui n'avait pas de réponse : serions-nous vraiment plus heureux en Afrique qu'en France ? J'envisageais la scolarité des enfants, notre activité, le paludisme, etc. Ma conviction fluctuait au gré de stériles cogitations. Le bonheur ou la souffrance dépendaient de moi et non du lieu où nous nous trouverions. Je sentais que je livrais un combat perdu d'avance contre l'évidence qui montait du fond de moi. La perte de son emploi était encore un signe, celui d'un nouveau départ annoncé.

Tamsir avait perçu mon hésitation et il m'avait tendu la main, comme il me l'avait saisie un jour à Popenguine pour éviter la noyade et qu'il m'avait obligée à plonger sous l'énorme vague qui me terrifiait. Comme ce jour-là, je l'avais prise et je m'étais à nouveau abandonnée à lui, confiante.

Une nuit, au début du mois de juillet suivant, serrés tous les cinq dans un taxi-clando bringuebalant, nous cahotions sur la route goudronnée qui s'achève sur la plage de Popenguine.

9

Nous sommes arrivés au village au début de la saison des pluies, sans que la famille ne soit prévenue de notre retour. Nous avions quitté la France précipitamment. Personne ne nous attendait.

La lumière du jour n'éclairait pas encore la plage mais en apercevant dans la pénombre la silhouette d'Ema qui poussait sa pirogue dans les vagues, comme chaque matin, quel que soit l'état de la mer, pour aller relever ses filets de pêche jetés à quelques encablures du rivage, juste devant notre maison, une onde de plaisir m'avait parcourue. Nous étions de retour chez nous.

Les enfants avaient dévalé le raide escalier encombré de détritus qui menait à la terrasse sans attendre que je m'arrache à ma contemplation matinale. Parvenue à mon tour au bas des marches, la déception avait fait place à l'allégresse. Le toit de paille était crevé, les portes et les fenêtres étaient défoncées, cinq années de défécation autochtone jonchaient ce qui avait été notre jardin, les bougainvillées et les hibiscus rouges avaient été dévorés par les chèvres et les moutons, et l'odeur de poissons qui pourrissaient là avait achevé de me soulever le cœur. Notre maison était inhabitable et je ne savais pas où nous allions nous loger. J'avais la curieuse impression d'être en transit, partie et arrivée nulle part. Pourtant, j'avais toujours su que je reviendrais à Popenguine pour y apprendre ce que je n'avais pas encore compris, à savoir que l'existence n'est pas une lutte permanente dont je devais sortir victorieuse. Cette parenthèse en France, déjà oubliée, n'était même plus un souvenir pour moi. Mais notre maison de Popenguine, où prospérait le palmier que j'avais planté à la naissance de Mariama huit ans plus tôt, point de départ de notre nouvel avenir, était inhospitalière. Tamsir chercha un petit cabanon à louer sur la plage, comme un de ceux dont son père s'était occupé jadis et qui était devenu notre maison des années plus tard, mais les tarifs que ses anciens copains du village lui annonçaient étaient ceux réservés aux toubabs nantis. On s'installa donc à l'hôtel nouvellement construit sur la place de Popenguine sans que je défasse nos quatre sacs de voyage.

Notre retour n'avait rien de triomphal.

Je me demandais pourquoi aucun membre de la famille n'avait pris soin de notre maison. Jalousie, indifférence, manque de temps, méchanceté..., simples spéculations auxquelles ne répondait que la brutalité des faits.

J'avoue mon amertume et le peu d'enthousiasme que je mis dans les retrouvailles. J'étais vraiment blessée. Négliger notre maison, c'était négliger notre existence même, ce n'était pas ce à quoi les habitants de Popenguine m'avaient habituée. Tamsir ne disait rien. Je le sentais contrarié mais, tout à la joie de son retour au village, il effaçait instantanément de son esprit ce qui pouvait le troubler. Mon mari ne pouvait pas me comprendre. Il était habitué à pardonner depuis qu'il avait tété les seins de Mam Oumy. J'étais seule à ruminer ma déception, rancunière et renfrognée, seule et incapable de les aimer. C'était douloureux, ma famille africaine me privait de l'amour qu'elle m'avait si généreusement donné, Popenguine me volait la joie de nos retrouvailles.

Mais les préoccupations matérielles avaient pris le dessus car, si ce n'est Dieu, qui se chargerait de notre destin à notre place ?

Outre le décalage horaire, les estomacs continuellement affamés de nos trois enfants ne supportaient pas l'habitude sénégalaise de déjeuner à quinze heures et je ne disposais d'aucun lieu pour cuisiner. Tandis que je passais cette première semaine à régler ces questions d'intendance pour les nourrir, Tamsir s'activait pour refaire rapidement (un adverbe banni du vocabulaire sénégalais) le toit avant que les pluies d'hivernage n'achèvent le délabrement de la maison.

Fini, l'élégance rustique et la climatisation naturelle de la paille, Tamsir choisit de la remplacer par de la tôle ondulée, matériau qui réfléchissait chaque rayon de soleil en un éclair aveuglant, ce qui donnait à notre maison un air de bidonville neuf. Sous l'effet conjoint de la pluie et de la brise salée, la tôle rouilla et donna à notre maison l'allure d'un vieux bidonville, ce qui nous laissait croire que nous n'étions finalement jamais partis.

Le déménagement, le voyage, les conditions précaires dans lesquelles nous revenions et l'invasion en cette saison des moustiques vecteurs de paludisme m'avaient fragilisée. Je refusais pourtant de prendre un traitement préventif à la quinine, inutile, qui avait de plus endommagé mon foie et mes yeux les années précédentes, lui préférant l'huile essentielle de citron et les bains de feuilles de neem. Je fus épargnée. Mais un matin, un mois à peine après notre arrivée, j'avais trouvé Sélimata et Tierno amorphes, brûlants de fièvre, maux de tête et vomissements à l'appui. J'avais reconnu sans aucun doute les symptômes du paludisme. Etrangement, mais c'est là une manifestation frappante de la magie de l'Afrique, j'avais retrouvé une tranquille assurance dans les choses de la vie dès que mes pieds avaient touché le tarmac de l'aéroport Sédar Senghor et je n'étais pas inquiète. J'avais administré le traitement préconisé et trois jours plus tard, les enfants avaient repris leurs jeux sans se soucier du contretemps qui les avait privés de baignade.

Peu à peu, le quotidien s'organisa et après quelques semaines passées à l'hôtel, on regagna la maison de la plage.

Personne ne nous y rendait visite. On ne nous questionnait pas, notre retour semblait normal. C'était étonnant. C'est vrai, j'avais promis à Mam Oumy et à tante Maryem alors qu'elles vivaient leur récent veuvage enfermées dans une petite pièce de la concession, que nous reviendrions. Avant même notre départ, ce retour était évident pour nous. Mais je m'aperçus qu'il dérangeait beaucoup les villageois et jusqu'à notre propre famille. Pour eux, Tamsir était un privilégié, il avait eu la chance d'aller en France. Que s'était-il passé là-bas ? Pourquoi revenait-il s'installer au village aussi pauvre qu'au moment du départ ? Pour leur jeter à la face son mépris de les voir se fourvoyer en rêvant du paradis d'Allah made in Europe ? Etait-il possible que leurs rêves de vie meilleure soient écornés par ce retour inopiné ? Sans parler, par sa seule présence, Tamsir ébranlait leurs illusions, les renvoyait à la nécessité de continuer à vivre heureux ici, sans rêver d'une partie truquée comprenant plus d'atouts que n'en prévoit le jeu.

Que pouvait ressentir Badien Seynabou, la sœur de Mam Armand, la tante de Tamsir ?

Ousseynou, son fils, avait remis à son frère jumeau quelques photos et le peu qu'il possédait en lui confiant qu'il partait en voyage pour une durée indéterminée. Dans la nuit, il avait quitté la concession sans embrasser sa mère. Deux mois s'étaient écoulés et nul n'avait eu de ses nouvelles au village, jusqu'à ce matin du mois de juin où un homme s'était présenté au marché face à Mam Oumy.

« Salamaleikoum !

— Aleikoum salam ! » Mam Oumy regardait le visage trop grave de ce très jeune homme avec bienveillance, comme à son habitude. Elle était réputée pour aider et nourrir les étrangers de passage, lesquels devaient être mystérieusement attirés par sa bonté. Mam Oumy rajoutait souvent un piment, une poignée de bissap, une moitié de carotte ou un morceau de manioc dans la calebasse de la femme qu'elle savait dans la difficulté (son mari n'avait peut-être pas envoyé d'argent depuis Dakar.) Il n'était pas rare non plus qu'elle donne un poisson à celle-ci ou à telle autre parce qu'elle avait remarqué qu'elles n'en avaient pas acheté depuis plusieurs jours. Donner était une partie d'elle, sans ce geste, elle ne se sentait pas complète. Sa générosité avait attiré la jalousie des autres commerçantes du bord de la route qui l'avaient peu à peu repoussée aux limites de l'ombre faite par le prosepis que Mam Oumy avait elle-même planté il y a des années sous les quolibets de ces mêmes femmes. Mam Oumy n'était pas rancunière, elle s'en remettait toujours à la volonté de Dieu.

« Je m'appelle Modou. Modou Seck.

— Seck, Seck, Seck ! » reprit Mam Oumy.

Plus qu'une politesse ou le signe d'une absence de contentieux, répéter plusieurs fois le nom de son interlocuteur, c'est pénétrer avec lui dans le mystère de l'instant gratuitement partagé.

« Je cherche la famille d'un homme qui vit à N'Dayane, il était l'ami de celui qui est sur cette photo. » Mam Oumy reconnut sans hésitation son neveu, Ousseynou. Elle appela un gamin pour qu'il conduise Modou auprès de Badien Seynabou Ndiaye.

Badien Seynabou était assise sur le lit en bois de la pièce de la concession que la famille lui avait concédée depuis son divorce. Elle était torse nu, les seins flétris par les nombreuses maternités, enroulée depuis la taille dans plusieurs pagnes sombres d'où sortait un rang de perles jaunes. Quand l'homme s'annonça derrière le rideau qui voilait l'entrée, elle remit prestement son mouchoir de tête pour cacher ses tresses grises et elle le fit entrer.

Les politesses d'usage durèrent plus qu'à l'accoutumée car l'étranger ne savait pas comment annoncer la nouvelle qu'il apportait.

« Je m'appelle Modou, Modou Seck. »

Badien Seynabou hocha la tête.

« Seck! Seck! Seck!

— Voilà, j'ai connu Ousseynou. C'est lui qui m'a dit qu'il était originaire de Popenguine. Nous étions ensemble dans la pirogue qui nous conduisait en Espagne. »

Le visage de Badien Seynabou s'était animé, Modou gardait les yeux baissés. Il hésitait à poursuivre son récit. Comment dire l'horreur en quelques mots? Il reprit :

« Les passeurs n'ont pas été corrects. Il n'y avait pas de ravitaillement dans la pirogue, pas d'eau et pas assez de carburant. Il y a eu une terrible tempête et nous nous sommes perdus en mer. Personne à bord ne savait naviguer, nous ne savions pas où nous étions. »

Badien Seynabou avait compris. Ce voyage mystérieux dont il avait confié la décision à son frère jumeau était celui de tous les espoirs, celui dont on revient rarement.

Modou inspira et dit :

« Je suis le seul survivant, tous les autres sont morts de faim, j'ai jeté leur corps au fond de l'océan. »

Ce jeune garçon, rescapé de la tragédie, vieilli prématurément, s'était chargé en recoupant les informations échangées lors des salamalecs de présentation à l'embarquement, d'informer les familles des victimes qui ignoraient le plus souvent tout de ces départs.

Badien Seynabou ne pleurait pas. Son fils était mort et aucun mot ne pouvait soulager son chagrin.

Modou Seck se retira pour poursuivre sa mission et lui présenta ses condoléances selon la formule de rigueur : « Sigil ndigalé. » « Relève la tête, on vient tous du même rein. »

Tamsir avait boudé la France, il était revenu, qui était-il pour se permettre ce caprice ? Tamsir, trouble-fête ! D'ailleurs, il n'y avait eu aucune cérémonie, pas le plus petit sabakh sur la place publique devant la pharmacie de Faye pour accueillir notre arrivée. Nous avions repris notre place au village dans l'indifférence générale ; la jalousie et le mépris de certains étaient à peine voilés. La famille ne s'était pas préoccupée de nous pendant notre absence, l'abandon de la maison de la plage à son triste sort était significatif, qu'attendre dès lors des villageois ?

Ils avaient espéré en vain une manne venue de France. Nous n'avions pas envoyé beaucoup d'argent pendant ces années. Au village, on préfère ignorer les conditions de vie difficiles dans lesquelles vit celui qui, par obéissance à un ordre établi depuis les origines, celui de la primauté de la communauté sur l'individu, se sacrifie pour les autres. Comme Mam Armand et Mam Oumy, comme tous les autres, Tamsir dit « je » en pensant « nous », « sigil ndigalé ».

Pourtant l'exemple donné par les Vieux et les Vieilles du village qui se sont corrompus ces dernières années au contact de l'argent occidental ne justifie plus le sacrifice. Etait-il pensable il y a à peine dix ans qu'un Vieux demande sans pudeur un préservatif à son neveu ? Les gardiens de la Tradition ne garantissent plus rien. Il y a eu davantage de changements en cinq ans dans le village qu'en plusieurs millénaires. Le balayage matinal et consciencieux du sable et des ordures autour des concessions par les femmes depuis des générations a laissé à nu les fondations des murs des maisons. Les pluies d'hivernage, cette année-là, emportèrent avec elles non seulement le soubassement des habitations, mais aussi les bases de la société sérère.

10

Installés dans la maison de la plage, j'avais renoué avec mes habitudes matinales qui consistaient à compter le nombre de grues, goélands et autres fous de Bassan en vol vers Rufisque, en quête de nourriture à l'heure de l'arrivée des pirogues de pêche. Il en allait de ces volatiles comme de la plupart des habitants, dont la première préoccupation de la journée était de trouver de quoi manger. Constat banal, mais que faire le ventre vide ?

Ma visite quotidienne au village me conduisait d'abord au bureau de poste fraîchement repeint en bleu roi. Non pas que j'espérais recevoir du courrier, mais en ce lieu où RFI diffusait toute la journée, se trouvait la seule source d'informations dont je disposais. Puis la pharmacie, la boutique d'Amy toujours occupée à cette heure-là par la préparation des sandwichs du petit déjeuner et le marché des femmes installé le long de la route principale.

Signe de modernité, quelques tables basses faites en bois de récupération avaient remplacé les sacs de toile posés à même le sol. Un peu à l'écart de sa place habituelle, Mam Oumy trônait de toute sa majestueuse masse sur une chaise en plastique dont le pied avant droit était cassé. Elle l'avait remplacé par trois débris de parpaings superposés les uns sur les autres, ce qui faisait pencher la chaise du côté gauche. Son large sourire ne découvrait pas la perte de nouvelles dents et j'avais remarqué qu'elle avait délaissé la vente du poisson au profit des légumes, plus rémunérateurs. De toute façon, le poisson avait disparu du rivage de Popenguine. Seul le yaboy, la sardine locale, s'acharnait à vivre sur ces côtes. Finis les langoustes, les dorades, les soles, les mulets, les lottes et autres poissons sabre, exterminés par des centaines de kilomètres de filets destructeurs lâchés par les chaluts asiatiques. Je m'enorgueillis de préparer le tiep bou dien, le plat national à midi, avec des truites ou des sars, et ce malgré la difficulté de les leurrer avec des plumes de coq comme autrefois. Les poissons n'agréent plus dorénavant que les ragloos et autres rapalas en plastique venus d'Europe. Mais Tamsir est un authentique grand pêcheur.

« Eh! Oumy, Salamaleikoum! Ana wa ker gui? » La paix sur toi, comment vas-tu?

Pourquoi Mam Oumy se tenait-elle en retrait près de la concession et non plus le long de la route?

J'avais questionné Amy, sa fille, la sœur de Tamsir, même père, même mère.

« Mam Oumy est très malade. Elle refuse d'honorer les pangols. Elle doit se tenir à l'écart tant qu'elle n'aura pas installé l'autel des pangols à N'Diayen.

— Et qu'attend-elle ?

— Elle ne veut pas ! Tu sais comme elle est têtue ! »

J'acquiesçai de la tête, les Ndiaye sont plus butés qu'un troupeau de mules.

« On a commencé à réunir l'argent, toute la famille se cotise », avait poursuivi Amy.

J'étais partie trouver Mam Oumy après avoir remis notre participation.

Dans un ouolof approximatif, je n'avais guère progressé durant ces années, je lui avais ordonné :

« Mam Oumy, tu dois t'occuper des pangols ! »

Ma détermination et le ton péremptoire que j'avais employé avait émergé du plus profond de mon être, comme si soudain ces réalités incontournables de l'Afrique, au mieux considérées comme du folklore exotique au pire comme des rites barbares et diaboliques, étaient devenues miennes. Les pangols formaient le socle solide de la cohésion psychique et sociale en pays sérer, je les avais adoptés à mon insu.

Trois semaines plus tard, la féticheuse du village Aram, Mam Aby étant décédée depuis notre départ, ainsi que les femmes de la famille s'étaient réunies dans la cour mal pavée de la concession des Ndiaye.

Tamsir égorgea une chèvre blanche et sans défaut ainsi qu'un coq et le sang mêlé des deux animaux sacrifiés coula dans une calebasse. Mam Oumy les mélangea longuement avec un anneau d'or. Pendant ce temps, la féticheuse s'appliquait à confectionner des colliers avec les boyaux des animaux qu'elle mettait à sécher sur un fil tendu au-dessus de nos têtes.

En milieu d'après-midi, les préparatifs du rituel étaient terminés. Aram avait déposé, à l'intérieur d'une petite enceinte adossée au mur de la chambre de Mam Oumy, quatre pilons, phallus dressés, et deux mortiers, réceptacle féminin du grain transformé, contenant de l'eau, un coquillage, des écorces, des racines et des pierres. L'autel était en place, Mam Oumy aurait dorénavant à s'en occuper deux fois par semaine en offrant aux pangols de la limonade La Gazelle, du lait caillé ou de la bouillie de mil. Elle devait aussi y placer régulièrement de l'eau qui servirait aux ablutions protectrices et à soigner certaines maladies.

Arriva l'heure du bain sacré. Mam Oumy était assise sur une natte, la tête et le torse dénudés. Aram, la féticheuse, l'enduisit entièrement de sang, les cheveux y compris. Puis ce fut le tour d'Amy, de Soda, de Awa, des filles et des nièces de Mam Oumy. D'un signe, j'ai demandé à Aram si je pouvais participer à la cérémonie. Sans hésiter, elle me fit asseoir et me badigeonna de sang. Elle traça aussi du doigt un signe sur le front de nos trois enfants. L'ombre de la nuit enveloppait la cour et les mouches s'agglutinaient autour de mon corps englué, attirées par le collier d'entrailles que je portais autour du cou. Tamsir et son frère avaient creusé un trou dans le sol, juste derrière le nouvel autel des pangols. Les unes après les autres, les femmes vinrent s'accroupir au-dessus de celui-ci tandis qu'Aram les douchait avec une calebasse remplie d'eau consacrée mêlée à du lait. Il faisait nuit quand est venu mon tour. Je me baissais avec précaution. Je craignais de tomber car mes pieds étaient enchâssés dans l'argile détrempée qui cernait le trou. J'ai frissonné sous la douche froide, n'ayant que mon pagne maculé de sang pour me sécher. J'étais transie, était-ce seulement le froid ?

Le rituel conduit de bout en bout par les femmes car la vie passe par ses entrailles, et ce bain purificateur m'avait placée avec les enfants sous la protection des génies de Mam Oumy. Mam Oumy avait eu dix enfants, tous vivants, n'était-ce pas le signe irréfutable des faveurs que les pangols lui accordaient ? Chaque être est un maillon de cette chaîne et aucune chaîne n'est plus solide que son maillon le plus faible, nous devions tous être forts. Le lien de chair, matérialité brute représentée par les tripes et les liens en esprit symbolisés par le sang, avait été restauré. Une alliance entre ma filiation et les Ancêtres de la lignée de

Mam Oumy venait d'être scellée. Un pacte de vie me liait désormais à eux pour faire fructifier l'héritage qu'ils me transmettaient.

Les hommes rebouchèrent le trou, confiant à la Terre l'eau du sacrifice.

Nous avons mangé la viande grillée de la chèvre immolée puis nous sommes retournés dans la maison de la plage. Le lendemain, Mam Oumy avait repris sa place au marché, le long de la route bitumée sous le prosopis.

Tamsir engagea des tractations avec ses oncles, ses frères, les sœurs de son père décédé pour obtenir l'autorisation de s'installer sur le champ que Mam Armand, Mam Youssou et Mam Gan, le grand-père et le père de son père, avaient toujours cultivé.

De prime abord, les choses paraissaient simples. Tamsir, fils aîné de la famille, succédait à son père. C'était ne pas tenir compte de la jalousie de quelques-uns mais surtout de l'incompréhension que suscitait toujours notre retour.

Un matin, j'étais allée acheter des légumes à Mam Oumy et fait inhabituel, elle avait l'air triste. D'un mouvement de tête, elle m'avait indiqué une réunion de Vieux qui se tenait dans la concession. Elle avait ramassé le bas de son boubou et avait essuyé ses yeux.

« Tamsir, Allah akbar ! » Elle secouait la tête en

pleurant. Pendant un instant, j'avais cru que j'étais veuve mais je compris que ces palabres concernaient notre projet et que le cours de la discussion ne nous était pas favorable.

« Dieu est grand » avait-elle dit. Mam Oumy plaçait l'issue des négociations dans la juste décision du Tout-Puissant, seul capable de sonder les cœurs et les reins, seul capable de comprendre que nous ne cherchions rien d'autre qu'à perpétuer les efforts qu'avant nous d'autres hommes avaient consentis pour nourrir leur nombreuse famille.

Je me joignis presque inconsciemment à sa prière mais je ne savais pas prier.

Tamsir passa beaucoup de temps à expliquer notre projet aux Vieux, au chef du village, à ses oncles, à ses frères, qui entravaient chacun à leur manière le déroulement harmonieux de cette affaire. Ses tantes étaient les plus récalcitrantes. Pourtant, les femmes sérères n'ont aucun droit sur la terre. Qu'est-ce qui nous valait leur animosité ? Nous n'avions aucune réponse précise.

Tamsir perdit ses appuis en s'apercevant que la parole des Vieux ne valait plus rien, qu'ils mentaient sciemment pour en tirer quelque avantage. Ne sachant plus en qui placer sa confiance, il se sentit trahi, rejeté. La valeur de cette société traditionnelle qui, en France, lui avait paru si essentielle, pour laquelle il nourrissait tant d'espoirs, se désagrégeait. Il ne pouvait plus le nier, même si tout son être résistait à ce constat. De fait, il s'obstina à convaincre les plus irréductibles et cet acharnement me contraria beaucoup. Je ne voyais qu'une perte de temps là où il en allait de sa survie psychique.

Un jour, Tamsir réunit ses sept frères.

« Voilà. Mam Armand est mort et aucun de vous pendant mon absence n'a cultivé la terre. Nous allons reprendre la culture du mil et de l'arachide. Dites-moi quel est votre prix pour être dédommagés de vos droits sur cette terre. Sachez que vous serez toujours les bienvenus à Kolamki.

— Kolamki ? demanda Bassirou.

— Tu ne comprends plus le sérer mon frère ? Kolamki signifie l'héritage. C'est le nom que nous donnons à la nouvelle concession.

— Nous avons besoin d'un moteur neuf pour la pirogue, reprit Abdou.

— D'accord. Youssou votre grand frère signera les papiers au nom de tous. »

Chacun acquiesça. Je n'avais remarqué aucun renoncement dans leurs yeux, aucun regret. Ils paraissaient plutôt soulagés d'être débarrassés d'une corvée. Pourtant cet héritage était davantage le leur que le mien. Etait-ce à cause de mes grands-parents maternels partis d'Alsace pour défricher les coteaux de Mascara en Algérie, ou du docteur Schweitzer, cousin de ma grand-mère maternelle, que la terre africaine faisait viscéralement partie de moi ? Je me désolais qu'elle ne représente plus rien pour eux.

Mam Armand avait légué son savoir de paysan et de pêcheur à ses fils. A moi, la toubab, il avait livré le secret de son cœur. Il m'avait devinée bien avant que je ne voie clair en moi-même. Il n'avait laissé aucun testament mais il m'avait transmis, dans le silence de nos côte à côte muets, assis sur le tronc qui servait de banc dans la cour de la concession, l'héritage qu'il avait lui-même reçu de son père Man Youssou et avant lui de son grand-père, Man Gan : cette parcelle de brousse et tous les secrets d'une vie bonne qui y sont attachés. La justesse et la simplicité de sa vie avaient infusé dans mon être.

Cet héritage dépassait les limites de notre simple famille, il se rattachait à celui de l'humanité tout entière, il était notre patrimoine commun.

Désormais, la pêche occupait la vie des frères de Tamsir, la culture de la terre la nôtre. Deux manières de se nourrir, d'assurer son indépendance, de garder l'autonomie de son existence. Nous ne dépendrions de personne pour manger et boire. Mais il n'y avait pas d'eau à Kolamki.

11

L'hivernage était terminé et les quelques pieds de mil que les frères de Tamsir avaient semé pour faire bonne figure avaient été coupés. Il y avait à peine de quoi préparer le tiéré, le couscous de mil, pendant un mois.

Je n'avais vu le champ de Mam Armand qu'une fois, il y a dix ans. Depuis, je n'étais pas revenue à Popenguine Sérer.

Le soleil de cet après-midi-là était accablant et nous avions trouvé une fraîcheur insoupçonnée sous le vieux manguier. Des épineux protégeaient l'arbre de la voracité des vaches et des chèvres, voire des petits chapardeurs en goguette dans la brousse. Il n'y avait qu'un passage secret au milieu de cette haie infranchissable d'épines venimeuses que les yeux experts de Tamsir repérèrent très vite. Avec un bâton, il ôta les branches acérées et dégagea l'accès au manguier. Les fruits étaient mûrs à point, certains pourrissaient par terre, dégageant une forte odeur d'alcool doucereux.

Tamsir n'avait rien perdu de son agilité de gamin maraudeur et il avait grimpé sur les branches basses pour atteindre prestement les plus hautes d'où pendaient les fruits les plus gros et les plus sucrés. Nous les avions dégustés assis sous l'arbre, là où ils sont meilleurs. Sérénité de ce coin de brousse. La vie s'y déroulait bien. J'étais restée paisible un long moment face à l'évidente simplicité de cette vie. Je me souviens que cette impression fugace mais fichée dans mon cœur était tout ce à quoi j'aspirais en quittant une seconde fois la France.

Tamsir me montra les limites du champ qui n'était qu'un ramassis de broussailles, d'arbustes chétifs et de cram-cram, petits piquants qui se fixent instantanément aux vêtements, le prototype du Velcro. Du doigt, il m'indiqua les angles du terrain qu'aucun géomètre n'aurait pu relever tant il était biscornu. Des touffes d'euphorbes en délimitaient une partie, certains coins étaient marqués par une grosse pierre volcanique rougeâtre posée là depuis le dernier craquement des plaques tectoniques. Au fond du champ, était planté un arbre tordu qui me semblait mort et que je peinais à différencier de tous les autres mais que Tamsir s'évertuait à me désigner comme étant le dernier rempart de notre domaine.

Je n'avais pas remarqué, dix ans plus tôt, le jeune baobab qui poussait au bord du champ. Vu sa petite taille, la graine avait dû germer en même temps que, pour la première fois, le ventre de Mam Oumy, il y a cinquante ans. Avec son tronc gris plissé comme la peau d'un vieux pachyderme et ses racines semblant plantées vers le ciel, l'arbre défiait déjà le temps.

Une femme était en train de massacrer les branches du boabab avec un couteau fixé à un long bâton. Elle en récoltait seulement les feuilles, lesquelles, une fois pilées et mélangées au tiéré, le rendait plus digeste.

« Eh ! dedete, baroul dé ! » Non, c'est pas bon ça !

En m'approchant, j'avais constaté que les branches étaient ainsi mutilées de longue date, atrophiées façon bonzaï. En abîmant l'arbre sacré du pays, symbole de force tranquille millénaire, en l'empêchant de prospérer dignement sur la terre de ses Ancêtres, cette femme saccageait les racines de sa culture. Elle tronquait l'éternité. Tamsir intervint et la femme s'en alla. Je pris l'engagement muet de préserver dans l'avenir ce qui pourrait l'être.

J'avais gratté le sol du bout de ma tong, rien que du sable jaunâtre. Où était la terre fertile, grasse et brune, promesse de fécondité ? Pour me rassurer, j'avais cherché des yeux le vieux manguier dont le tronc robuste et le feuillage verni, toujours vert, bravait toutes les intempéries.

Je m'étais assise sur le sol, à l'endroit qui devait être le milieu du champ. J'avais fermé les yeux pour m'en remettre à l'intuition profonde, presque animale, que j'avais redécouverte en moi, à cette connaissance intrinsèque primitive qui est de savoir ce qui est bon pour soi. J'avais laissé la question de juger si ce coin de terre dépouillée, perdu au milieu de la brousse nous apporterait le bonheur, se cogner à la logique de ma raison jusqu'à l'épuisement. En rouvrant les yeux, j'avais contemplé l'étendue de notre nouveau défi : du sable brûlant, de la friche, pas d'eau, pas d'ombre et la certitude que nous serions heureux ici.

Les Sérers ont un secret. Connaître ce secret n'était pas suffisant, je devais le vivre en m'impliquant totalement. Parcourir la moitié du chemin ne me donnerait que la moitié du résultat. Je devais payer le prix complet, remettre en cause toutes mes habitudes, et pas seulement celles que j'étais capable de sacrifier, toutes mes pensées, toutes mes convictions, et pas uniquement celles auxquelles je tenais le moins. Reconsidérer celle que j'étais ou que je croyais être. Comme eux, je voulais vivre la vie et cesser de la penser. J'étais lassée des concepts, des théories et des systèmes, la plupart du temps incompatibles entre eux, rendant plus confus encore le sens des choses et qui finissent, à force de pesanteur, par tuer les bonnes idées et les meilleures intentions. Je ne croyais plus aux actions à l'échelle collective, trop souvent dépendantes des intérêts particuliers, des différents pouvoirs et de groupes de pression sur lesquels je n'avais aucune influence réelle. Le changement ne peut venir que d'individus qui ont eux-mêmes radicalement changé leur vision de la vie et qui imprègnent tous les autres, peu à peu.

Qu'avais-je fait de plus jusque-là ? Rien.

Si l'on comprend bien que la liberté ne résulte pas de la suppression de toutes les contraintes imaginables mais est le fruit de la cohérence et de l'intégrité avec soi-même, plus que nulle part ailleurs, pour moi, pour Tamsir et les enfants il était possible de vivre libres à Kolamki.

Mais nous ne pouvions pas nous y installer sans eau. Pour que notre entreprise réussisse, il fallait creuser un puits.

Image banale que celle d'un puits en zone sahélienne, trou maçonné de terre, une corde, un seau, des femmes qui tirent sur une poulie rouillée, leur bébé accroché dans le dos, où le bétail famélique vient s'abreuver à la tombée du jour, gardé par des bergers peuls, leur coupe-coupe aiguisé pendu à l'épaule.

Le manque d'eau, injustice traitée comme un enjeu médiatique, sponsorisée par des ONG en mal de sensationnel, relayée par des politiques censés en faire leur priorité et qui l'oublient sitôt les élections passées, ne touchait pas seulement des millions d'Africains, il me concernait moi aussi. J'en mesurais soudain toute la gravité. Pourtant, rien n'est plus compliqué que de creuser un puits en pays sérer.

Finies les palabres, nous devions affronter une réalité complexe.

Nos enfants n'avaient pour leur part aucune préoccupation. Tandis que leur père et moi œuvrions à poser les bases de notre nouvelle existence, ils profitaient de leur totale liberté. Liberté d'aller où bon leur semblait dans le village et de s'asseoir quand la faim les tenaillait, autour d'un bol dans n'importe quelle concession, liberté de jouer sans surveillance. Mariama, Sélimata et Tierno étaient à l'aise, ils étaient africains. Ils n'avaient eu aucune difficulté à trouver leur place dans le village et à comprendre les nouvelles règles du jeu. Une des activités favorites de nos filles, comme en son temps celle de leur père, était de dérober dans les cuisines du sel, du poivre et du piment, parfois du sucre pour assaisonner des mangues vertes et acides qu'elles avaient chapardées, trop impatientes pour attendre qu'elles mûrissent. Elles les partageaient avec leurs nouvelles amies, cachées derrière les grands troncs des fromagers. Nos enfants disparaissaient toute la journée, sans que nous en soyons inquiets, et ne prenaient pas même la peine, une fois de retour, de nous raconter leurs péripéties, se contentant de dîner et d'aller se coucher, exténués et heureux.

Les vacances estivales se prolongèrent jusqu'au début du mois de novembre. La récolte était rentrée dans les greniers, les parents n'avaient plus besoin de l'aide de leurs enfants, l'hivernage était fini, l'école pouvait reprendre.

Comme c'est la coutume, Ngom le tailleur, dont la boutique est installée à l'entrée du village, avait confectionné à chacune de nos filles une marinière et un pagne neuf dans du wax aux arabesques orange et vertes. Omar, dit Tac, le tapeur de djembé de la troupe de Lye, qui est aussi le chauffeur attitré de la vieille mercedes diésel de couleur verte appartenant à mon beau frère Ass et que je loue de temps à autre, m'avait conduite à M'Bour. Ce déplacement à la ville voisine était obligatoire pour que je puisse aussi leur acheter des chaussures à talons made in China, modèle que toutes leurs camarades d'école auraient aux pieds le jour de la rentrée. Le port de ces « coquettes » comme on les appelle ici, facilita, c'est sûr, l'intégration scolaire de Mariama et Sélimata, même si dans la cour irrégulièrement pavée de l'école elles se tordaient les chevilles à chaque pas. Je fus soulagée de constater après quelques jours qu'elles retenaient plus facilement les ritournelles des « ploum-ploum » que leurs leçons, preuve qu'elles avaient trouvé leur place à la récréation. Tierno quant à lui portait un regard joyeux et paisible sur tous ces changements, bien décidé à retarder le plus possible son entrée dans le monde de l'apprentissage didactique et obligatoire. Il avait encore tellement de choses à explorer par lui-même !

12

« Qui creuse un puits voit Dieu », dit-on ici.

Où creuser ? Pourquoi ici plutôt que là ?

Par chance Kisito, un employé de la résidence présidentielle à Popenguine, est aussi sourcier.

Nous avons parcouru notre champ avec lui, les herbes sèches crissaient sous nos tongs et les cram-cram se cramponnaient. Kisito tenait à la main une authentique baguette de sourcier qui lui avait été donnée par un moine de Ker Moussa. Il bavardait, nullement absorbé par sa recherche, quand il s'arrêta net. L'extrémité de la baguette avait piqué son nez en V vers le sol.

« C'est ici qu'il faut creuser, nous dit-il.

— Tu en es sûr ? lui avais-je demandé, surprise de son aplomb.

— L'eau est à treize ou quinze mètres de profondeur. »

Comment pouvait-il être si précis ?

Kisito s'amusait de mon air perplexe.

« Il me suffit de penser à de l'eau et je la vois sans doute aucun. D'ailleurs la baguette l'a confirmé. »

Je tâtais le sol de la main, rien que du sable, aucune trace de végétation.

Kisito me tendit la baguette. Assurée et un peu orgueilleuse, puisque forte de plusieurs années de travail sur l'énergie, je m'étais plantée à l'endroit indiqué. J'avais visualisé une source d'eau naissante, puis un torrent impétueux, un lac calme et une rigole de caniveau... Rien. La baguette n'avait pas bougé. J'en avais conclu que je n'avais aucun fluide aquatique. Sélimata aurait réussi, elle qui est une nitou n'dokh.

Toute à mes considérations magico-surnaturelles, je vis Tamsir, pragmatique, planter un bâton à l'endroit indiqué puis raccompagner Kisito sur le chemin, car ici on ne laisse jamais repartir un visiteur sans faire quelques pas avec lui, sait-on si l'on reverra cette personne vivante ?

C'était une bonne nouvelle. L'eau semblait être à une profondeur raisonnable, le point précis était marqué par un bois de kinkéliba, la vie était possible à Kolamki. A partir de ce jour, notre avenir s'engageait résolument dans ce coin de brousse sans autre assurance que la confiance que nous placions en cet homme du village.

Nous pouvions bâtir notre concession selon la tradition.

Les maçons de Popenguine ne savaient plus faire du banco, les briques en terre crue, et ne voulaient surtout pas prendre le risque de construire ce qu'ils considéraient tous comme un château de sable. Ils connaissaient le parpaing en ciment, les dalles de béton, aucun ne se souvenait que l'on ait pu un jour construire des maisons en terre qui selon eux ne résisteraient ni aux intempéries ni aux termites.

Puisque l'homme a été tiré de la glaise, pourquoi son habitation ne le serait-elle pas aussi ?

Tamsir était retourné à Popenguine Sérer, village épargné par la présence des toubabs, pour y rencontrer Guissé. Lorsque j'étais arrivée, je les avais trouvés accroupis dans le sable en train de tracer avec le doigt quelque chose qui ressemblait à un plan de construction.

Guissé leva les yeux vers moi. Il avait le regard d'un Sérer, le même regard que Mam Armand, celui d'un homme que rien ne peut surprendre, le regard d'un homme sûr de la valeur de son existence.

« Salamaleikoum ! Alors, ça avance ? », avais-je demandé.

Guissé bredouillait quelques mots de français. Il me regarda en souriant et me répondit :

« Vous êtes fous ! »

Guissé était un maçon nouvelle génération habitué aux caractéristiques compactes du ciment sans vie mais, nécessité faisant loi, il avait accepté le challenge pour nourrir sa famille.

A Popenguine Sérer aussi tout le monde avait oublié comment fabriquer des briques en terre. Nous avons improvisé. Si nos Ancêtres avaient su imaginer des solutions, nous devions en être capables aussi.

Le sol regorgeait d'argile, malléable et solide une fois durcie, qui devint la base du mélange. On entreprit nos premiers essais en y ajoutant de la paille de mil hachée menu et de l'eau que l'on versa dans un moule en bois fabriqué tout spécialement par le menuisier de Popenguine. La première brique démoulée s'écroula comme une bouse fraîche de zébu. La deuxième était flasque comme une méduse échouée. La troisième s'émietta comme du bois attaqué par les termites. La consistance de la quatrième était ni trop dure, ni trop molle, alors on décida de la faire sécher durant sept jours. Le soleil but les dernières traces d'humidité et on procéda à un test de résistance. Tamsir lâcha une grosse pierre sur la brique qui resta intacte puis renouvela à plusieurs reprises son geste plus violemment. La brique résista. Nous venions de redécouvrir le secret de la brique de terre crue. Sous le regard ahuri de son frère, Souba, et de son ami Edouard, venus pour nous aider, Tamsir et moi avions dansé autour de notre première « pierre », heureux.

Au fil des jours, les briques de couleur crème, piquetées de mil noir, s'alignaient au sol sous le soleil, se confondant avec la terre dont elles étaient issues.

L'eau était virtuellement sous nos pieds pourtant ce sont les femmes qui durant plusieurs mois la transportèrent depuis le village dans des bassines posées sur leur tête. Elles ravitaillaient chaque jour les deux fûts de stockage du chantier, en longue file, leurs bébés attachés dans le dos, échangeant en riant des commentaires sur notre projet. Celui-ci alimentait les conversations sous le fromager du village, arbre qui a besoin de la parole des hommes pour prospérer, il se passait en effet quelque chose de peu banal dans la brousse de Popenguine Sérer.

Impossible de trouver l'adresse de puisatiers dans les pages jaunes de l'annuaire puisqu'il n'existe pas ! Nous pistions une trace en fonction d'un bouche à oreille incertain. Pourtant, j'avais confiance dans les « synchronicités » du hasard, ce hasard qui n'existe pas. Enfin, un homme du village qui avait ses quartiers de prédilection chez Jérôme, l'épicerie buvette du village, réservée aux chrétiens et aux musulmans qui se cachent derrière la palissade pour consommer de l'alcool, nous donna le numéro du téléphone portable d'un puisatier dakarois.

Contact étant pris, Tamsir palabra longuement pour fixer le tarif de creusage au mètre. L'homme que je trouvais bien malingre pour s'attaquer à pareil travail se présenta la semaine suivante avec deux acolytes.

La nature sableuse de la surface facilita les premiers coups de pioche et bientôt ce fut un trou d'une circonférence de deux mètres. Parvenus à trois mètres de profondeur, les pelles attaquèrent une couche de latérite rouge agglomérée de cailloux compacts et durs. Le rythme ralentit considérablement. Chaque coup porté à la roche n'en détachait qu'un gravillon. Les hommes se relayaient sous un soleil implacable, égratignant à peine la paroi. Leurs efforts paraissaient vains, à peine un centimètre gagné en une journée de labeur pénible.

Je n'étais pas à l'aise. J'avais la désagréable impression d'exploiter ces hommes, alors, je leur apportais pendant leur pause des arachides ou du jus de bissap tiré des fleurs rouges produites par un arbuste dont on mange aussi les feuilles cuites.

Pourtant, sans état d'âme et avec obstination, les coups de pioche grignotaient la roche. Le puits se creusait lentement. J'étais rassurée.

Le chef d'équipe nous demanda une avance sur leur salaire, pratique incontournable au Sénégal, anticipant plusieurs mètres à creuser, que nous lui avons consentie. Tandis que je soulageais un peu ma conscience en accédant à leur demande, ils soulageaient notre porte-monnaie car ils ne revinrent plus travailler. Tamsir ne connaissait d'eux que leurs prénoms, aucune adresse et un numéro de téléphone passé aux abonnés absents. Il nous était impossible de les retrouver.

La confiance qui avait prévalu dans cette affaire avait occulté une nouvelle réalité : il ne suffisait plus de taper dans la main et de donner sa parole pour conclure un accord.

Tamsir n'avait pas encore pris la pleine mesure des mutations de sa société et les déboires que j'avais vécus à mon arrivée à Dakar il y a dix ans, lorsque j'étais une proie facile et ignorante, ne m'avaient manifestement pas aguerrie. C'est un fait, l'homme a la mémoire courte. Mais je préfère y voir une absence de rancune qui libère du passé, ce qui permet la bienveillante indulgence et laisse ainsi l'avenir libre.

Guissé nous signala la présence de puisatiers qui vivaient dans un proche village, Raffo. Les trois hommes qui se présentèrent étaient très âgés. L'un d'eux claudiquait et sa main droite était paralysée. Je les considérais avec circonspection. Pouvaient-ils assurer un travail si difficile? Les Sérers sont des hommes solides qui savent que la constance dans l'effort consenti, c'est-à-dire assumé, achève les tâches les plus ingrates. Dans les années trente, le premier puits du village avait été maçonné avec des sacs de ciment acheminés sur la tête des hommes depuis la ville de M'Bour, distante de plus de trente kilomètres.

Le plus âgé descendit dans le trou, s'assit par terre et commença à piocher, régulièrement. Le creusage reprit.

Il y avait assez de briques pour démarrer la construction de la première case qui s'ouvrait, ainsi que les trois autres prévues, sur une cour circulaire, sorte de nid qui favorise dans un même temps les échanges et l'intimité.

Les briques s'empilaient rapidement les unes sur les autres et je m'aperçus que Guissé utilisait un mortier au ciment pour les sceller. Hérésie! Nous voulions des cases vivantes, qui se dilatent avec la chaleur humide et se contractent sous la brûlure de l'harmattan. Il n'était pas question que l'on introduise des matériaux morts dans cet organisme, prolongement de la terre et de nous-mêmes.

Tamsir testa le mortier de latérite. Les pics en avaient extrait du puits, ça tombait bien. Il était plus solide que le ciment et sa teinte rouge rehaussait le contour des briques d'argile. On imposa son utilisation à Guissé qui secouait la tête de dépit. Le travail de jointage était grossier, il dépareillait avec la sobre esthétique des briques. Tamsir expliqua à Guissé, sans succès, que les cases devaient être non seulement utiles mais aussi belles. L'harmonie du lieu et de notre vie en dépendait, la concession devait se fondre dans notre environnement. Guissé hochait toujours la tête. A ses yeux, nous étions fous et pour lui prouver à quel point j'en étais consciente, je faisais tourner mon doigt sur ma tempe pour le lui confirmer.

Nous avons passé avec Tamsir de longues journées à refaire un à un chaque joint de chaque brique, de chaque mur, de chaque case. Nous restions silencieux, soudés par la monotonie de la tâche, déshydratés par le souffle de l'harmattan. A la pause, nous partagions un sachet d'arachides et la bouteille d'eau avec une économie de mots qui m'étonnait. Puis, nous reprenions notre travail, patiemment, sûrs de la justesse de ce que nous accomplissions.

De retour du chantier de Kolamki, nous retrouvions nos enfants qui sortaient de l'école de Popenguine.

Les débuts avaient été un peu laborieux pour Mariama car tous les habitants du village, qui l'avaient connue petite, l'interpellaient en ouolof, langue qu'elle avait oubliée. Orgueilleuse, elle s'obligeait à se taire, elle qui est si bavarde, plutôt que d'écorcher sa langue paternelle.

Sélimata était très à l'aise mais n'avait pas encore intégré la vertu la mieux partagée en Afrique, la patience. Tandis que ses camarades attendaient imperturbables et en silence le retour de leur maître parti pour une quelconque affaire personnelle, elle quittait la salle de classe pour explorer son nouvel espace de jeux. Son instituteur l'avait apprivoisée, tolérant ses escapades. Il n'avait pas utilisé le « serpent noir » toujours en vigueur dans les classes élémentaires, sorte de chicote* prévue pour contraindre les plus récalcitrants à « parcœuriser » toutes leurs leçons ! Au fil des semaines, Sélimata avait consenti à rester assise à la table-banc branlante qu'elle partageait avec trois autres de ses camarades. Il n'était pas rare que l'instituteur aille sur la plage après l'école pour repérer ceux et celles qui préféraient se baigner plutôt que d'apprendre leurs leçons et qu'il leur fasse tâter du serpent noir le lendemain. D'autres fois, l'instituteur se rendait dans les concessions pour rencontrer un parent illettré et faire le point avec lui sur la scolarité des enfants. Mam Oumy avait fait réciter toutes leurs leçons à ses enfants bien qu'elle ne sache ni lire ni écrire le français, pas plus que le ouolof d'ailleurs. Si l'un d'entre eux tentait de la tromper en récitant la même leçon que celle de la veille, elle s'en apercevait en reconnaissant les sonorités et les intonations ! Et gare à la main gauche de Mam Oumy qui ne ratait jamais sa cible.

La scolarité de nos enfants n'était pas un problème

---

* En Afrique : fouet, baguette.

pour moi, certainement parce que je préfère des têtes bien faites à des têtes trop pleines et que je ne crois pas que la réussite scolaire soit le gage d'une vie réussie.

Depuis la mort du président académicien Léopold Sédar Senghor, l'enseignement scolaire est dispensé en ouolof plus qu'en français, langue officielle, ce qui paraît normal. Ainsi nos deux filles l'apprirent facilement. Pourtant le « symbole », initié du temps de Senghor, est toujours en vigueur. Pour moquer l'élève qui s'exprime dans sa langue maternelle, ouolof, sérer ou pular, plutôt qu'en français, l'instituteur lui passe autour du cou un os creux monté sur une lanière. Sélimata et Mariama exhibèrent cet « honteux » collier à plusieurs reprises. Je les soupçonne d'avoir volontairement parlé en ouolof, pour prouver à leurs camarades qu'elles étaient aussi sénégalaises qu'elles !

Je me contentais pour ma part de répéter « diangouma ouolof », je ne parle pas ouolof, ce qui devint vite un atout pour les enfants qui se proposaient comme interprètes moyennant rétribution ou qui complotaient derrière mon dos ! Leur scolarité était normale et elles étaient aussi enthousiastes en revenant de l'école que de la plage.

Tierno avait maintenant deux ans et toujours aucune velléité de rejoindre la « case des tout-petits », programme de préscolarisation fraîchement sorti du cerveau de la ministre des Affaires familiales et sociales. Tierno apprenait davantage dans les rues du village ou à nos côtés que dans l'espace confiné de cette « case » de ciment où piaillaient soixante enfants de moins de quatre ans, mécontents d'être privés de liberté et de jeux dans le sable. Que leur importait de colorier la tête de Mickey ou de reconstituer les morceaux de puzzle d'une vache normande ?

Aussi Tierno, pieds nus et dépenaillé, jouait-il avec les gamins morveux, parfois teigneux, qu'il rencontrait dans les ruelles du village, ou bien passait-il ses journées à Kolamki à s'amuser dans l'argile, heureux de se barbouiller et de recréer le monde à son image.

13

On accédait à Kolamki depuis le village de Popenguine par un sentier de sable serpentant le long des champs qui attendaient la saison d'hivernage pour donner leur pleine mesure. En ce mois de septembre, ils étaient envahis par les joncs que nous utilisions pour fabriquer les palissades et les clôtures, par les chèvres et les zébus qui broutaient placidement, livrés à eux-mêmes. Enfin, le croit-on ! Car dérobés à notre regard, les bergers peuls unijambistes – étant constamment debout, ils reposent une de leurs jambes en posant le pied contre la cuisse de l'autre – veillent sur leur troupeau.

Après une ultime courbe douce, balisée par un vieux et gros manguier généreux en fruits, raison pour laquelle son propriétaire avait érigé tout autour une herse d'épines d'acacias capables de crever la roue d'un véhicule, on distinguait à peine les murs des cases.

Tamsir rencontra Adama, berger résidant à Popenguine Sérer, seul capable de faire une charpente et un toit de paille traditionnel, technique qu'il avait héritée de ses ancêtres peuls.

Ils partirent ensemble dans la brousse de Bandia, une forêt protégée à quelques kilomètres de là, pour tailler des troncs d'eucalyptus de six mètres de long, arbre dont l'essence purifie l'air et les poumons, ainsi que des branches pour former l'ossature conique de la charpente des petites cases. Tamsir achemina la cargaison sur le toit d'un car dit rapide, destiné normalement au seul transport de voyageurs, et qui assure la liaison entre la route nationale Dakar/M'Bour et les villages excentrés de Popenguine, Popenguine Sérer Guerrow, N'Dayane. Moyennant finance, les chauffeurs acceptent de tout convoyer, même un troupeau de moutons bêlant de terreur, ficelés directement sur la carrosserie du toit du véhicule ! Ils déchargèrent les troncs à l'entrée de N'Dayane, à l'endroit où il y a un bras de mer qui s'enfonce dans les terres, pour les immerger dans l'eau salée. Les troncs y restèrent plusieurs jours en traitement préventif contre les insectes xylophages, retenus par les cordes du grand filet collectif que l'on nous avait prêté pour l'occasion. Guissé avait repéré un tronc de plus de huit mètres de haut qui se révéla indispensable pour soutenir la charpente de la grande case. C'était un vieil arbre qui produisait depuis sa base un grand nombre de rejets branchus qui s'élevaient à de grandes hauteurs, parfaitement verticaux. Tamsir, Guissé et quelques autres attaquèrent le tronc avec des haches artisanales. Il n'y a pas de grandes surfaces de bricolage dans la brousse, il faut fabriquer soi-même ses outils. Pour faire le manche d'une hache, on doit choisir une jeune branche bien droite dans laquelle on pratique une entaille qui s'agrandit en même temps que pousse la branche. Après quelques mois, l'encoche est suffisamment large pour y fixer un coin de fer. Il n'y a qu'à couper la branche.

Dix hommes transportèrent sur leur épaule le tronc abattu et il fut replanté dans le sol en terre battue au milieu de la grande case. Il n'est pas exclu qu'un jour des branches renaissent.

Pendant cette saison sèche, nous avions collecté des monceaux de paille ficelés en bottes avec l'écorce souple de l'arbuste ngoun-ngoun, plus solide que de la corde, que nous avions stockée sous le vieux manguier.

Tamsir m'initia à la technique apprise de son père et nous avons consacré plusieurs semaines au tissage de cette paille. Les jeunes du village faisaient expressément un détour par Kolamki pour voir de leurs propres yeux comment on fabriquait encore un toit de paille. Tamsir étendait la paille sur un fil où nous la ligotions par petits paquets serrés. Lui était assis à un bout et je lui faisais face à l'autre extrémité. Secrètement, j'avais instauré une compétition entre nous :

lequel parviendrait le premier au centre ? Enfantillage, pensera-t-on. C'était un moyen de donner du relief à nos gestes répétitifs. Le tressage est facile et ennuyeux, alors je m'appliquais à perfectionner mon geste pour qu'il soit plus précis, plus rapide. Visant l'efficacité optimale, dans le fond j'étais pressée d'en finir avec ce travail rébarbatif.

Je regardais Tamsir qui tressait sans se stresser, absorbé comme s'il faisait chacun de ces gestes pour la première fois, assuré que nous viendrions à bout de cette montagne de paille. Plus qu'une vertu, la patience, corollaire de la confiance, est l'intelligence même de la vie. Après tant d'années, j'étais à nouveau en apprentissage.

Nous exposions les rouleaux de paille au soleil sur un lit de cendres et de feuilles de neem pour faire fuir les termites capables de détruire en une seule journée tout notre travail. Quand nous eûmes terminé, Adama, le berger peul, portant à bout de bras une longue branche fourchue, dévida les rouleaux sur la charpente comme une bobine de fil qui se déroule. Le poids de la paille accumulée en rangs serrés et réguliers assura seul le maintien de cette couverture sur le toit parfaitement étanche aux intempéries. Ces chapeaux coniques en paille ressemblaient fort à celui dont se coiffe les bergers : le savoir-faire est-il issu du toit ou du chapeau ?

Les toits étaient posés à côté des cases et les quinze

vaillants Sérers que Tamsir avait recrutés pour les monter sur les murs ne suffirent pas. Il en réquisitionna dix de plus qui arrivèrent alignés de front, soulevant la poussière de cette après-midi finissante. Dans un effort collectif synchronisé, ils hissèrent les toits tels des fétus et les déposèrent sur les murs nus.

Les Peuls et les Sérers sont liés depuis les origines par une parenté difficile à réduire à un arbre généalogique. « La parenté à plaisanteries », c'est-à-dire une forme d'humour bon enfant mais jamais dénué de sagesse, neutralise les tensions. Les efforts conjoints de ces cousins avaient donné vie aux cases de Kolamki, de fait, de nouveaux liens venaient de se tisser entre eux et nous, pour le meilleur et pour le pire.

Je m'étais penchée au-dessus du trou.

L'eau se cachait encore dans les profondeurs protectrices de la terre et nous ne pouvions toujours pas envisager de vivre à Kolamki. Les puisatiers n'utilisaient ni cartes ni relevés topographiques, leurs connaissances étaient empiriques. Ils creusaient dans l'argile, viendraient ensuite les cailloux et de nouveau de l'argile, du sable dur peut-être puis du sable mouillé, et Inch Allah, l'eau surgirait.

« Quand ? »

Ils m'avaient regardée, étonnés. J'avais posé une question idiote. Etaient-ils Dieu pour le savoir ? L'eau sortirait de terre, il fallait creuser un point c'est tout.

Les puisatiers venaient brutalement de me renvoyer à mes incertitudes, à mes doutes, à mes craintes, bref à tout ce dont je croyais m'être dépouillée depuis ma rencontre avec Tamsir et la sagesse de l'Afrique. La peur de l'avenir restait tapie dans les replis de mon être. Qui, par le souci qu'il se fait, peut prolonger d'une journée sa vie ?

Ce jour-là j'avais pris un engagement solennel avec moi-même pour pulvériser une fois pour toutes cette sournoise menace, pour enfin cesser de mettre des bâtons dans les roues de mon destin. Chaque coup de pioche donné dans le puits devenait comme un éclat arraché à mon absurde conviction. En m'abandonnant à cette force invisible et puissante, omniprésente, celle de l'Autre Moitié du Monde, je la faisais mienne, et peu à peu, je redevenais elle.

J'avais remarqué des amulettes suspendues à la branche qui soutenait la poulie. Creuser un puits en Afrique, c'est mystique. On ne s'aventure pas dans les profondeurs inviolées de la terre, matrice commune à tous, sans demander l'autorisation des génies qui la servent et la protègent. C'est pourquoi Tamsir avait égorgé deux poules que j'avais cuisinées spécialement et que nous avions mangées avec les puisatiers.

Pourtant, la protection se révéla insuffisante.

Le trou atteignait huit mètres quand l'un des puisatiers fut pris d'une maladie non répertoriée dans les annales de la médecine officielle. Il entendait des voix, phénomène habituel des visionnaires et des fous, qui l'accusaient d'un forfait qu'il n'avait pas commis. Comme l'eau, la vérité finit toujours par se manifester. Avait-il en creusant ouvert un coffre invisible contenant médisances, rancœurs et jalousies enterrées là symboliquement ? Avait-il crevé une canalisation entre l'Autre Moitié du Monde et celui des humains d'où s'écoulaient des secrets oubliés ? Quel génie dormait sous la terre de Kolamki ?

Les puisatiers cessèrent le jour même de creuser. Ils demandèrent que l'on se porte garants auprès de la boutique afin d'acheter du ravitaillement nécessaire à leur famille restée au village, celui où vivait le féticheur susceptible de soigner leur compagnon. Un père de famille ne rentre jamais au village les mains vides. Ils nous promirent de revenir et on ne les revit plus jamais.

Notre puits était-il maudit ?

Il y a des années, le propriétaire du champ mitoyen au nôtre avait fait creuser un puits pour irriguer des plants de son futur verger de manguiers. Tamsir lui demanda si nous pouvions l'utiliser. Il accepta sans nous poser de question, sans aucune condition. « Niokobok », ce qui signifie « c'est à nous ».

C'est ainsi que, malgré tout, nous nous sommes installés à Kolamki.

Un matin de juillet, Gourgui le charretier, devenu le meilleur ami de Tierno depuis que celui-ci lui avait permis d'utiliser le fouet pour faire obéir le puissant cheval blanc qui le fascinait, apporta nos maigres bagages de Popenguine. Nous avons posé des nattes sur le sol en terre battue d'une des cases puis nos quatre lits, les moustiquaires et une étagère faite en bois de ronier contenant tous nos vêtements, ce qui se réduisait à trois ou quatre boubous chacun. Inutile de s'encombrer d'habits. Fatou qui travaillait à Kolamki les lavait quand ils étaient sales, ils séchaient en quelques heures, abîmés, ils étaient transformés en chiffons (ou en garniture d'oreillers) et Yam Soda, la cousine couturière de Tamsir, en cousait d'autres sur mesure quand cela était nécessaire. Les femmes de Popenguine Sérer s'étonnaient de la rusticité de ma garde-robe quand, pour leur part, elles mettaient un point d'honneur à changer de tenue à chacun des nombreux mariages et baptêmes auxquels je ne participais plus. Pour honorer la famille fêtée, elles se parent de lourds et coûteux bazins richement brodés et se parfument exagérément, odeur sucrée écœurante qui flotte longtemps après le passage des cars rapides qui transportent les élégantes.

Le volet en bois de notre case à coucher s'ouvrait sur le couchant et la porte, sans serrure car il n'y a rien à voler, sur le levant que nous contemplions chaque jour avec les enfants.

Fatou utilisait le feu de bois à l'extérieur pour cuisiner dans une sorte de four fermé qui nous permettait d'économiser la moitié du bois qui est consommé d'ordinaire. Nous allions ramasser dans la brousse autour de la concession des branches sèches de manguier ou des tiges de kinkéliba imperméables à la pluie, une aubaine pour démarrer le feu en saison d'hivernage. Pour transporter les fagots peu lourds mais encombrants, nous les empilions dans un vieux pagne noué avant de le poser sur notre tête. Parfois, nous faisions abattre puis débiter en tronçons par un Laobé bûcheron le tronc entier d'un caïcédrat ou d'un filao déjà mort, déniché dans les environs. Je me souviens de l'étonnement de Tamsir en s'apercevant que les toubabs en France ne savaient pas allumer un simple feu de bois pour faire griller leurs saucisses de pique-nique. Barbecue, boulettes de charbon, pâtes combustibles, tout un attirail leur était nécessaire pour mettre un temps exagérément long à faire démarrer leur feu. Quand on songe que l'invention du feu est la première conquête de l'homme, celle qui lui a permis de faire tout le reste...

Chaque matin, on remplissait deux canaris avec l'eau du puits, une jarre pour la cuisine, une pour le coin salle de bains aménagé à l'arrière de la grande case. On y puisait avec une calebasse à long manche pour se doucher ou pour remplir les satalas, petits arrosoirs utilisés pour se laver après s'être soulagés dans les toilettes sèches ou dans la brousse. Un seau, un pot et moins de dix litres d'eau suffisaient. Les enfants se lavaient n'importe où, à leur fantaisie, près du puits ou au milieu du champ, rarement dans l'endroit prévu à cet usage, heureux de s'asperger et de s'éclabousser sans craindre de se faire gronder pour avoir transformé la salle d'eau en rizière.

Il n'y avait pas d'électricité à Kolamki et par conséquent pas de télévision, pas de réfrigérateur ni de ventilateur. Non pas que l'on soit opposés par principe à la technologie puisque nous utilisions le téléphone et Internet, mais parce qu'elle ne nous était pas indispensable. La technique est au service de l'homme et non l'inverse. A cause des fréquentes coupures d'électricité, faute d'assez d'argent dans les caisses de l'Etat pour payer les factures de pétrole, la technique devient un problème : contenu de réfrigérateurs perdu, film TV coupé en son milieu, batteries de portables non chargées, soirées dans l'obscurité... A Kolamki, nous nous sommes organisés en conséquence. Nos yeux se sont habitués à la pénombre, la vigilance rend nos gestes précis et efficaces. Nous consommons nos aliments achetés au jour le jour, nous buvons de l'eau à température ambiante, ce qui est excellent pour notre organisme. Il est bien connu qu'il est préférable de boire chaud dans le désert.

Quand la température extérieure dépasse trente-cinq degrés, si vous versez dans un estomac à 37 degrés de l'eau réfrigérée à cinq degrés, cela revient à jeter de l'eau sur du feu.

De la terre, du bois, de la paille, matériaux qu'affectionnent particulièrement les termites, nos cases étaient certes périssables, mais elles étaient saines et toujours fraîches. L'eau, l'air et le feu suffisaient pour vivre au quotidien, en toute simplicité. Une année était passée, nous avions relevé notre premier défi. La vie telle que je la pressentais venait d'éclore à Kolamki.

Ici, nous avions peu de frais : pas de loyer ni de factures, pas de voiture ni d'assurances. Nous ne jetions quasiment rien, recyclions ce qui était possible et quand le morceau de plastique qui permet de faire tenir la tong entre le gros orteil et les doigts de pied se cassait, Tamsir le réparait avec un bout de fil de fer. Il le chauffait pour transpercer la rondelle qui passe sous la semelle et la raccorder à la partie supérieure de la tong. Cela durait le temps que cela durait. Après, on en découpait le caoutchouc pour fabriquer des rondelles d'étanchéité ou des flotteurs pour les filets de pêche. Nous dépensions juste le nécessaire pour manger, s'habiller et se soigner en cas de maladie inguérissable par une plante connue de Tamsir, de Mam Oumy ou de Guissé. Chacun d'eux est le dépositaire d'une connaissance, il est spécialisé d'une certaine façon, cela pour éviter le monopole de quelques-uns sur les autres et pour alléger la mémoire d'un seul qui risquerait de perdre une partie du savoir.

Cependant, il fallait trouver les moyens d'assurer cette subsistance minimale car les ventes de poissons et les massages que je pratiquais ne suffisaient pas toujours.

14

Le Ramadan avait commencé. Il faisait une chaleur accablante dès le lever du jour mais la majorité des gens du village respectaient ce précepte de l'Islam. J'avoue mon admiration. Comment était-il possible que la plupart d'entre eux d'ordinaire incapables de maîtriser leurs instincts (fumer, boire de l'alcool, manger) le fassent sans difficulté apparente durant tout un mois ? En Afrique sahélienne, ne pas boire du lever au coucher du soleil, c'est presque du suicide. C'est vrai, la vie ralentissait, inutile après quatorze heures d'espérer la réalisation d'un quelconque travail et le temps semblait plus suspendu encore que d'habitude. Mais quelle constance et quelle volonté ! Tous les villageois jeûnaient, il y avait une sorte d'émulation, une sorte de cohésion sociale au-delà de la pratique religieuse. Les enfants ne s'y trompent pas eux qui demandent à jeûner dès l'âge de sept ou huit ans. Les gens savent ce qu'est la faim dans leur chair, quand tout le corps crie son besoin vital, pourtant, il est bon de se souvenir, même dans l'abondance, que rien n'est jamais définitivement acquis. Pas même la nourriture. Je suis incapable de faire cet effort-là. Bien avant notre rencontre, Tamsir avait décidé de ne plus jeûner. Il est vrai que sa pratique de l'Islam lui est très personnelle, mâtinée d'animisme.

Le mois de jeûne s'était achevé avec la fête de la korité. Les hommes avaient été à la mosquée, tandis que les femmes s'affairaient autour des immenses marmites posées sur le feu de bois allumé dans la cour des concessions. Elles avaient cuisiné tout le matin, oignons, pommes de terre, viande, sauce mijotée pendant des heures. Avant même de se servir, elles avaient rempli des bols que les enfants avaient apportés aux parents proches, aux voisins et à celui ou celle, isolé, qui n'avait pas les moyens de faire une fête fastueuse, avec de la viande.

L'après-midi, les femmes et les enfants avaient revêtu des habits neufs éclatants, un nouveau départ, et avaient sillonné le village pour présenter leurs excuses. « Pardonne-moi », « Je te pardonne. » De quoi ? De tout ce que l'on avait pu dire, faire, penser à l'encontre de l'autre, de ce qui est contraire à la Force Vitale.

Des enfants de la concession de Guissé et d'autres venus de celle de Fatou nous avaient apporté des bols contenant un succulent repas. Mariama, Sélimata et Tierno étaient repartis avec eux, parés de leurs nouveaux habits pour parcourir le village en quête d'étrennes, petite pièce de monnaie que leurs tontons et tatas, c'est-à-dire tout les adultes qu'ils connaissaient, leur donneraient. A la tombée du soir, après la prière de timis, je m'étais rendue au village habillée comme à l'accoutumée d'un simple pagne, d'une blouse ample et d'un mouchoir de tête assorti pour y présenter mes excuses. L'avenir était à nouveau entier et neuf pour chacun.

Les fluctuations d'approvisionnement dans les boutiques, les hausses exagérées des prix, surtout des céréales, la dégradation de la qualité des aliments gorgés d'huile, de sucre ou de sel, à l'instar des bouillons cubes Maggi (je devrais dire culte Maggi) nous avaient convaincus de l'intérêt de produire nous-mêmes notre nourriture. Nous devenons ce que nous mangeons. Nous voulions garder la maîtrise de qui nous étions. D'autant plus que les pénuries alimentaires ne tarderont pas à s'accentuer sur la planète faute d'espace et de paysans pour nourrir tous ces Terriens imprévoyants. Les billets de banque nourrissent nos ambitions, mais pas nos ventres.

A chaque hivernage, depuis qu'il était en âge de marcher, Mam Armand emmenait Tamsir au champ. Il lui avait transmis les gestes et les méthodes de culture que lui-même avait reçus de son père et son père avant lui. Ici, le temps s'était arrêté à la découverte des prémices de l'agriculture : faire un trou, mettre une graine, attendre la pluie et récolter.

Mam Armand semait le petit mil destiné à la préparation du tiéré dès la première pluie. Il faisait des sillons avec une hilaire, long bâton coupé dans la brousse et terminé par une lame en forme de queue de dauphin que le forgeron du village fabriquait pour l'occasion. Un outil simple et parfait. Il plantait la lame dans le sable à intervalles réguliers puis, d'un mouvement du poignet, taillait une tranche de terre. Les enfants qui le suivaient déposaient une pincée de graines que Mam Armand avait pris soin de prélever sur les plus beaux épis de l'année précédente (pas besoin d'OGM, la sélection naturelle a fait ses preuves depuis longtemps !), tandis que d'autres replaçaient la motte de terre avec leur pied nu sur le trou. Si le ciel était généreux, mais il ne l'était plus depuis des dizaines d'années, une fine feuille ressemblant à une mauvaise herbe perçait le sable au bout de deux jours. La technique était identique pour l'arachide : une graine par trou, réservée sur la récolte précédente, que l'on semait après la seconde pluie. Enveloppée par la chaleur humide de la terre, la graine germait parfois dans la journée.

Avec la pluie, les herbes indésirables mais très prolifiques envahissaient les meilleures places, étouffant les plantes naissantes. Commençait alors un long et patient travail de désherbage à la main jusqu'à en extirper la racine car la nature, prodigue, ne se lassait pas de répéter sans fin le même cycle. Cette herbe qui pourrissait sur place devenait un engrais naturel qui régénérait le sol. Comment ce sable jaune, sec et stérile se métamorphosait-il si vite en généreuses récoltes d'un vert éclatant ? A croire les rituels, les génies de l'Autre Moitié du Monde n'y étaient pas étrangers, eux qui transforment une minuscule graine en couscous de mil en moins de quatre mois.

Pendant l'hivernage, toutes les bonnes volontés de N'Diayen, du plus jeune au plus vieux selon ses possibilités, étaient mobilisées dans un effort constant et fastidieux. L'ardeur de l'implacable soleil diminuait le temps d'une pause sous l'ombrage du manguier qui offrait le gîte et le couvert surtout pour les enfants qui étaient les plus lestes pour déguster les meilleurs fruits.

Nous avions reproduit les mêmes méthodes lors de notre premier hivernage passé à Kolamki, aidés par nos enfants. Tierno, qui était le plus près du sol, participait aux semences tandis que nos filles désherbaient, Mariama maniant très bien l'hilaire que nous avions, à sa demande, raccourcie à sa taille.

Trente ans étaient passés, et Tamsir refaisait ces gestes séculaires répétés mille fois mais il ignorait certaines règles et avait oublié la difficulté d'être paysan. Enthousiastes, nous avions visé le rendement optimal dans la diversité en semant trop de variétés de graines différentes, éparpillées de façon désordonnée sur l'hectare et demi du champ. On s'aperçut de notre erreur au moment du désherbage. Nous n'avions pas assez de nos bras et de notre bonne volonté pour faire face à l'ampleur de la tâche. On abandonna les haricots niébés aux herbes folles, les gombos aux sauterelles et le maïs à un flétrissement prématuré. On concentra nos efforts sur le mil, le bissap et les arachides, cultures que Mam Armand et Mam Gan avaient d'ailleurs toujours privilégiées.

Je m'étais approprié l'exploitation de la parcelle d'arachides qui borde le sentier, comme le faisait Mam Khady, la grand-mère paternelle de Tamsir. Je passais la journée, accroupie, une petite hilaire en main, à désherber. Les passants me saluaient, surpris par mon obstination à arracher les herbes. Pourquoi cette toubab se donnait-elle tant de peine à cultiver de l'arachide que son compte en banque (forcément bien fourni) pouvait lui offrir par centaines de kilos ? Ils ignoraient que je voulais me nourrir de cette terre afin de connaître ma valeur et tester mon courage.

Un matin, un Vieux me lança « jambaar nga ! », « tu es une guerrière ! », ce qui confirmait l'appréciation de Tamsir : « Je n'ai pas vu un champ d'arachides aussi propre depuis celui de ma grand-mère Khady. » Oui, je voulais comprendre pourquoi ces femmes exposées à autant de travaux difficiles, corvée de bois, puisage de l'eau, mères de dizaine d'enfants, pourquoi ces femmes rayonnaient, pourquoi elles étaient belles, pourquoi elles me faisaient envie.

Tamsir s'acharnait à nettoyer la parcelle où poussait le mil. Le mil était un symbole, la base de l'alimentation de son père. Inutile que Mam Oumy ou tante Maryem lui servent autre chose pour le dîner, Mam Armand n'y goûtait même pas.

Je regardais Tamsir, torse nu, ruisselant sous le soleil. Il avait beaucoup maigri car il ne ménageait pas son effort, il avait quelque chose à prouver. C'était un guerrier lui aussi.

Un jour, à la pause, installé à l'ombre du manguier, je lui avais apporté de l'eau et un bol de tiéré sucré.

« Elle est pas belle la vie ? »

Il hocha la tête.

« C'est mieux que de soulever des peaux de bêtes, non ? »

Je cherchais son assentiment. Etait-il heureux d'être redevenu un paysan sérer ? Son regard ne mentait pas. Bien sûr, ce n'était pas tous les jours facile, mais tel un noble Gelwars, les pieds plantés dans la terre de ses Ancêtres, il se tenait debout.

J'étais fière de lui. Je l'aimais.

Le début du mois d'octobre amena la fin des pluies. Chaque graine d'arachide s'était transformée en grappe portant des dizaines de cacahuètes enterrées. Les tiges de mil dressaient leurs épis, surveillés par l'immense fromager où les femmes du village stockaient le bois. Le fromager abritait des centaines de tisserins, petits oiseaux jaune à tête noire, infatigables travailleurs, qui tissaient des nids d'une incroyable complexité. L'arbre était le point d'envol de ces oiseaux qui, pour se ravitailler, piquaient tout droit sur notre champ de mil. J'étais irritée par les dégâts qu'ils nous causaient, la moitié des épis étaient picorés, quand Tamsir me dit tranquillement : « Les tisserins prélèvent leur part, c'est pour cela que l'on dit que les paysans sont nobles : ils nourrissent tous les habitants de la terre. » Avec son lance-pierres, Tamsir prélevait aussi la nôtre pour nous offrir une excellente fricassée de tisserins que j'accommodais avec des niébés, ce qui changeait de notre ordinaire. Parfois, c'était un rat palmiste, un joli petit animal rayé très rusé mais trop gourmand, qui se délectait de nos arachides. Tamsir ne laissait pas passer l'occasion de le piéger pour en faire un ragoût. Quand ce n'était pas un varan, sorte de reliquat préhistorique mi-serpent, dont il possède la langue bifide, mi-crocodile, qui vit dans des terriers dont il sort en saison d'hivernage pour se nourrir. On dit que sa présence sur un terrain témoigne de la bonne énergie des lieux. Il est rapide mais peu futé, c'était un gibier facile à attraper. Manger ou être mangé, telle est la loi immuable de la nature.

Tamsir demanda à ses frères de nous aider à récolter le mil, en vain. J'étais contrariée. Nous n'avions toujours pas l'appui de la famille. Pire, les tantes paternelles, les badiens, étaient venues réclamer des portions du champ. De mémoire de Sérers, aucune d'elles n'avait cultivé quoi que ce soit ici depuis cinquante ans. A force de questionnements, Tamsir avait compris que le litige portait en réalité sur les manguiers.

Avant, ces arbres fruitiers poussaient le long des chemins, plantés là pour procurer un peu d'ombre et apaiser la faim du voyageur. Les fruits ne se vendaient pas, ils s'offraient, se partageaient ou s'échangeaient contre du poisson. Mam Khady disait que plus on donnait ses fruits, plus l'arbre produisait. D'ailleurs, enfant, cela faisait enrager Tamsir et ses cousins qui ramassaient les fruits pour leur grand-mère. Elle les envoyait porter des bassines pleines à ras bord aux parents et aux voisins, laissant présager qu'il ne resterait rien pour eux. Alors, rentrant à Popenguine, ils se plaçaient derrière elle pour laisser tomber, sans être vus, des fruits de la bassine qu'ils portaient sur la tête. Des enfants complices, qui les suivaient à distance, ramassaient les mangues puis attendaient que Tamsir et ses acolytes les rejoignent pour les déguster tranquillement à la tombée du jour, quand les mouches ont disparu.

Les badiens avaient planté ces manguiers sur le champ de leur frère quand elles n'étaient pas encore devenues des épouses. Depuis, chaque année, elles récoltaient les mangues qu'elles vendaient sur le marché de Popenguine.

L'accès à Kolamki n'était empêché par aucune barrière, ni palissade ni porte. Le champ s'étirait du sentier jusqu'au village, sans limites autres que celles que les villageois respectaient depuis Mam Gan. L'espace était ouvert, nous n'avions jamais songé à priver les badiens de leurs manguiers.

Cette absence de protection attirait d'ailleurs toutes sortes de visiteurs à Kolamki, autochtones et toubabs, qui restaient partager avec nous le repas autour du bol. Notre famille, élastique, comptait cinq membres fixes auxquels s'ajoutait Fatou, ses nièces ou neveux en nombre variable, des camarades de nos enfants, ou d'autres, ainsi que régulièrement des hôtes de passage. Comme le jour où nous avions vu arriver à grandes enjambées poussiéreuses, toujours vaillant malgré ses soixante-dix ans passés, Elimane qui visitait sa parenté éparpillée. Il avait vécu à N'Diayen toute sa vie avant de retourner dans son village natal. Il était le fils de la petite-nièce du grand-père de Tamsir. Mam Youssou était allé le chercher dans son village de N'Diangol pour le ramener à Popenguine, parce que sa mère, très malade, ne pouvait pas s'occuper de lui. Mam Youssou et son père avant lui avaient ainsi recueilli beaucoup d'enfants que leur lointaine parenté ne pouvait pas prendre en charge. Mam Gan ne supportait pas de savoir qu'un être dans lequel coulait son propre sang, ne serait-ce que quelques gouttes, souffrît quelque part dans le pays. Elimane, fils adoptif des N'Diaye, qui avait cru que Mam Khady était sa mère jusqu'à l'âge adulte (personne n'ayant pensé l'informer du contraire), avait travaillé toute sa vie comme docker au port de Dakar. Il déchargeait à lui seul un semi-remorque de sacs de ciment en les transportant sur sa tête. Il était petit et trapu, endurant comme un Sérer. Il avait travaillé avec nous quand nous habitions la maison de la plage. Quand je lui demandais de couper une branche dans le jardin, c'était toute une forêt qu'il pouvait déraciner. Dix ans plus tard, c'est avec une joie immense qu'on avait reconnu sa silhouette un peu amaigrie sur le chemin de Kolamki. Nous avions partagé la pastèque qu'il nous avait apportée après avoir mangé le tiep bou dien.

Je prévoyais toujours de cuisiner un plat en sauce auquel nous pourrions ajouter à la dernière minute des poignées de riz supplémentaires. De toute façon, l'éloignement relatif dans la brousse et notre potager encore en suspens ne nous permettait pas une grande variété de menus ! Le riz, le mil, les niébés, la patate douce et le manioc constituaient la base de notre alimentation, chou, courge, tomate, aubergine et haricot vert en saison, du poisson quand Tamsir avait le temps de pêcher, des œufs parfois. Des mangues en abondance pendant les mois de juin à septembre. Nous n'avons jamais été à court de nourriture pour honorer nos visiteurs, quitte à envoyer nos propres enfants manger au village pour prendre leur part !

Les badiens de Tamsir étaient têtues et ne comprenaient pas que Kolamki soit un lieu ouvert à tous. L'une clôtura son manguier hermétiquement avec des épineux, l'autre coupa à ras toutes les branches du sien, quant à la troisième, une hilaire en main, elle commença à cultiver après avoir rageusement jeté le bois sec que nous entreposions là pour la cuisson.

A ce stade, les discussions étaient inutiles. Tamsir eut recours à ses méthodes personnelles et une bataille secrète par gris-gris interposés s'engagea. Il prit une pincée de terre au nord qu'il déplaça au sud du champ puis en ramassa une poignée à l'est qu'il déposa à l'ouest. La croix ainsi formée soumettait les points cardinaux, nul ne pouvait plus intervenir sur le champ.

Il enterra aussi plusieurs paquets contenant des talismans qu'un Initié peul avait spécialement fabriqués. Je considérais le fossoyage des amulettes d'un œil sceptique. Les badiens, plus averties des choses de l'Autre Moitié du Monde, devinrent prudentes. J'ignore les détails de cette lutte d'influences mystiques mais l'opposition des badiens cessa, les salutations polies d'usage reprirent, les mangues furent cueillies et partagées. Il ne subsista aucune trace de rancune ni d'un côté ni de l'autre.

Les tiges de mil, attaquées par les tisserins que la maladresse de Tamsir avait épargnés, s'empilaient sur une aire dégagée couverte de feuilles de neem, un arbre aux propriétés insecticides. On les transporta liés en bottes posées sur nos têtes, jusqu'aux greniers de Kolamki qu'un saisonnier peul venu du Sine Saloum, Mamadou Ba, avait fabriqués. On avait accueilli avec enthousiasme son aide, quand notre front de lutte contre les mauvaises herbes avait craqué de toutes parts. Il avait aussi tressé ces greniers traditionnels avec des tiges souples de kinkéliba entrelacées sur une armature de branches, ce qui ressemblait à deux immenses paniers retournés de vannerie un peu grossière. La méthode ne nécessitait pas de déposer un brevet d'invention pour le concours Lépine mais elle était efficace. Etait-ce l'observation des nids des tisserins qui avait inspiré à l'homme cette technique de tissage ?

Le foin d'arachide, trop volumineux pour être entreposé dans les greniers, attendait en tas sur le sol, tentation irrépressible pour les ânes que des propriétaires indélicats avaient relâchés jusqu'à la saison prochaine sans même attendre que nous ayons fini de récolter.

Un jour, à l'heure où la brousse est paralysée par la chaleur, une centaine de zébus traversèrent notre champ de bissap et ne laissèrent que leur bouse et des tiges dévastées. La colère m'avait empêchée de remarquer la ligne douce des yeux bruns placides de ces animaux et combien leur mufle inoffensif semble sourire.

Tamsir rencontra le chef de village et le berger responsable, qui n'était autre que le couvreur du toit de nos cases, pour protester contre cette dégradation volontaire et le manque de respect du bien d'autrui qui gagnait le village. Les palabres se prolongèrent tard dans la nuit. Je devinais qu'elles avaient abouti à des excuses hypocrites du berger dont il faudrait à présent se méfier car la convocation devant le chef de village avait froissé son légendaire orgueil. J'étais satisfaite que Tamsir entreprenne cette démarche « officielle » signifiant aux villageois que le temps des palabres stériles étaient révolues et qu'était venu celui de renouer avec la tradition sérère de courtoisie et de déférence, manifestement en phase de décomposition, ici aussi.

Par chance, le bissap avait fleuri une fois encore.

Quelques nuits plus tard, vers trois heures, je fus réveillée par un beuglement. Je secouai Tamsir qui remit en toute hâte sa ceinture de gris-gris protecteurs avant de sortir discrètement de la case.

Les étoiles éclairaient plus que les réverbères de la

nouvelle route goudronnée dont l'inutile somptuosité déviaient les véhicules de l'entrée de Popenguine vers le village voisin de N'Dayane.

Les zébus à bosse rendue flasque par l'épuisement de leurs réserves de graisse avaient été lâchés dans notre champ de bissap. Ils avaient mangé chaque fleur et chaque feuille de chaque tige, il ne restait rien.

J'avais fermé les yeux pour me soustraire au spectacle. Mais cela n'avait rien changé. Dire non, crier plus fort que la réalité ne l'avait pas fait disparaître. J'étais excédée, découragée, et les larmes me montèrent aux yeux avec cette vaine question : pourquoi ?

Depuis toujours, j'exigeais des réponses censées et satisfaisantes à mes interrogations, cela me rassurait face à l'inconnu et à l'absurde et incontournable évidence des faits qui ne me convenaient pas. Cette nuit-là, j'étais entrée de plein fouet en contact avec un de ces morceaux de vérité que je ne pouvais pas accepter et contre laquelle je ne pouvais rien. La vérité nue m'avait mise en colère. J'étais impuissante, impuissante à commander aux événements, à dicter leur conduite aux ânes, aux puisatiers, aux Peuls et aux zébus, tous les contes de mon enfance étaient des mensonges, les baguettes magiques n'existaient pas, ni les lampes d'Aladin ni les tapis volants, mon seul pouvoir était d'accepter que ce qui est, soit : les zébus mangeaient notre bissap et avec lui, des semaines d'efforts gâchés.

Je pris conscience que la vie ne s'était jamais refusée à moi, moi seule je m'étais refusée à elle. L'accepter telle qu'elle était, dans son entier, avec ou sans zébus brouteurs, avec ou sans colère, permettre enfin que la surabondance de vie m'inonde, me projeta dans son indicible puissance, tout devenait soudainement possible, et je me sentis inébranlable intérieurement. A trois heures du matin, sous le ciel serein de l'Afrique, j'ai éclaté de rire, domptée.

Le lendemain, Tamsir porta plainte à la gendarmerie, la seule instance coercitive susceptible d'intervenir, mais l'éparpillement du bétail n'était pas de sa compétence. Tamsir opta pour un moyen plus efficace qui, selon lui, passait par les palabres et la persuasion en s'appuyant sur la tradition orale africaine qui dit : « L'être humain a la maîtrise de la parole, c'est donc à lui qu'incombe de diriger la force vitale. »

Les Peuls n'en étaient pas à leur premier acte de vandalisme.

J'avais compris quel enseignement je devais tirer de la saga des zébus.

Une nuit, en saison sèche, Tamsir avait surpris un berger dans le faisceau de sa lampe, caché derrière le grand manguier, qui dirigeait ses vaches vers la paille de nos toits avec des petits cris étouffés inimitables. Les Peuls connaissent bien les forces de l'Autre Moitié du Monde, celles qui animent toutes choses, c'est pourquoi ils savent, eux, se faire obéir des zébus et des moutons qu'ils volent dans les concessions sans que quiconque ne s'en aperçoive. Certaines personnes se protègent d'éventuelles catastrophes en élevant chez elles un bélier tout blanc et très coûteux, sorte de « fusible », dont le vol détourne le malheur qui aurait dû s'abattre sur le propriétaire, tentation ineffable pour les bergers peuls !

Que pouvait faire Tamsir dans l'obscurité, seul, face à un berger qui portait à l'épaule son coupe-coupe aiguisé comme une lame ? Parler. Encore parler, les palabres se dispersant dans la solitude de la brousse.

Une autre fois, les jeunes zébus, écartés de leur mère allaitante, avaient mangé les pieds de manguiers que nous venions de planter. Aidée de Mariama, Sélimata et Tierno, j'étais parvenue à coincer contre une haie d'euphorbes le petit troupeau affolé par mes cris et mes gestes désordonnés auxquels ils n'étaient pas habitués. Le QI d'un zébu le condamne à vous fixer d'un air bovin, immobile, ruminant non pas sa vengeance mais la feuille qu'il vient d'arracher. Je saisis le veau qui était à ma portée par la queue, provoquant un mouvement de panique qui les agglutina les uns contre les autres. Mariama, qui avait apporté une corde, passa un nœud coulant autour de la tête de l'animal tandis que j'attachais deux de ses pattes ensemble. Ainsi ficelé, je l'ai tiré sur le chemin où il se laissa choir, inerte, déterminé à ne pas coopérer. L'animal était lourd mais j'ai pu le traîner jusqu'à

Kolamki où je l'ai attaché. La chasse au zébu est moins romanesque que la traque d'un lion à la sagaie et le trophée moins exotique que les élégantes cornes torsadées de l'antilope Koba, mais j'étais satisfaite de ma capture.

Tamsir s'étonna de ma prise.

Mam Oumy l'avait supplié de renoncer à sa plainte à la gendarmerie et nombreux, à Popenguine, par crainte du maraboutage, lui avaient recommandé de ne plus consommer de lait caillé. Surtout, les gens lui disaient de cesser d'exciter la colère de leurs lointains et belliqueux cousins. Tamsir consentit seulement à prendre un bain avec l'eau sacrée prise à l'autel des pangols de Mam Oumy et il se ceignit, je crois, d'un nouveau gri-gri.

La fin de matinée approchait quand le berger tenta de détacher en cachette sa bête. Mariama, qui veillait le bébé zébu attendrissant, donna l'alerte. Tamsir, accourut, haussa le ton. C'était inhabituel. Etait-il découragé, lui d'ordinaire si conciliant et si compréhensif? Ils palabrèrent, le berger s'excusa, comme à l'accoutumée, et je vis Tamsir lui rendre l'animal.

J'étais contrariée. Tamsir ne m'expliqua pas la raison de son geste. Je suppose qu'il donnait au berger une nouvelle chance de s'amender.

Le surlendemain, le même scénario se répéta. J'attrapai un bébé zébu, ma technique de capture était rodée, à nouveau des palabres et Tamsir détacha une fois encore l'animal. Je maudissais les bergers peuls jusqu'à la quatrième génération, Tamsir y compris. Je ne comprenais pas. Mais y avait-il quelque chose à comprendre ? Depuis la nuit des temps, le bétail et tous les animaux partageaient avec les hommes la nourriture offerte par la terre.

Le sixième jour de la même semaine, je capturais à nouveau un jeune zébu, bien décidée à ne pas le relâcher.

Je me postai à côté de l'animal et j'attendis toute la journée. L'avant-dernier appel du muezzin venait de retentir quand un grand Peul, enturbanné de vert, se présenta, une bouteille de lait frais à la main. S'il pensait m'amadouer ou me corrompre, c'est qu'il ignorait ma détermination à en finir avec ces histoires peules !

Il s'excusa et je ne pris pas la peine de l'écouter.

J'avais plissé mes yeux pour rendre mon regard pénétrant.

« Crois-tu qu'une femme toubab puisse attraper seule trois veaux ? »

Je le fixais. Il secoua la tête.

« Regarde cette pierre sous le jujubier, c'est l'autel des pangols de la famille. J'offre chaque jour du lait de tes vaches aux Ancêtres. »

Je réglais au maximum l'intensité du laser vert de mon regard pour fléchir ses insondables pupilles noires.

« Si je vois UNE seule vache dans le périmètre de mon champ, tout ton troupeau deviendra stérile. » Je l'avais regardé une dernière fois intensément, j'avais détaché l'animal, j'avais pris la bouteille de lait et je lui avais tourné le dos.

Utiliser comme arguments décisifs ce que les bergers redoutaient, les esprits de l'Autre Moitié du Monde, était une astucieuse stratégie. Surtout, je n'avais pas peur des Peuls. Fait assez rare pour être mentionné.

Dans l'inconscient collectif des Sérers, les Peuls sont réputés cruels et tenant plus à la vie d'une de leur vache qu'à la leur. Les Sérers respectent néanmoins le courage et l'inflexible volonté de cette ethnie nomade qui ne doit sa survie qu'à son extraordinaire capacité d'adaptation en milieu inhospitalier, à leur faculté d'endurer d'interminables heures de solitude dans les pâturages de jour comme de nuit, avec pour seul compagnon leur coupe-coupe et le bâton qu'ils calent en travers de leurs épaules comme pour s'aider à rester droit face à l'adversité de leur singulier destin. Ils connaissent la nature qui les fait vivre, les plantes, les racines qui soignent et celles qui permettent aux Initiés d'accéder à l'Autre Moitié du Monde, invisible aux yeux des profanes. Insaisissables Peuls, un jour ici, un jour ailleurs, ne laissant que l'empreinte éphémère des sabots de leur troupeau imprimée dans le sable et la trace de leur légende contée par les griots dans l'esprit des paysans sérers.

Depuis ce jour, plus aucun zébu ni aucun berger ne s'était aventuré dans notre champ. La situation n'était pas satisfaisante pour autant. Les vaches ne mangeaient certes plus nos récoltes ni la paille de nos toits, elles avaient quand même dévoré le papier des sacs qui contient le ciment, preuve que pour s'adapter à la pénurie l'estomac de ces bêtes a muté, mais durant la saison sèche, les Peuls massacraient les arbres. Que représente un arbre pour un berger qui voit son troupeau famélique mourir de faim ?

« Dedete ! non ! Il ne faut pas couper les arbres ! » Je me ruais en criant sur les bergers perchés dès que j'entendais le bruit régulier d'un coupe-coupe. Je regardais tristement les branches qui jonchaient le sol, les zébus ne mangeaient que les feuilles. Quel gâchis ! La disparition des arbres signifiait celle des pluies et donc celle des pâturages et des récoltes. Et après ? Les Peuls coupaient eux-mêmes l'herbe sous les sabots de leurs zébus. J'avais obtenu de bons résultats dans le périmètre de Kolamki car les bergers qui me connaissaient redoutaient de me voir foncer sur eux, vociférante, ameutant tout le voisinage. Mais je ne faisais que déplacer le problème. Que faire ? Si je ne pouvais pas les empêcher d'abîmer les arbres, je pouvais en replanter.

Un matin, j'avais loué le pick-up appartenant à Abdoulakhmane, le mari de Mariama, une des sœurs de Tamsir, pour me rendre auprès de l'organisme des

Eaux et Forêts du Sénégal situé à Bandia sur la route de Thiès, bois où abondent les ruches et le miel fumé.

Omar, dit Tac, rastaman au sourire ravageur, conduisait. Nous nous sommes arrêtés une première fois à la sortie du village pour prendre à notre bord un jeune homme, cousin très éloigné, et probablement pas cousin d'ailleurs, de Omar qui se rendait à Sindia. Il était assis à l'ombre d'un prosopis sous lequel les voyageurs avisés, sachant que l'attente du passage d'un véhicule pouvait être très, très longue, avaient disposé des pierres que le temps et la crasse des boubous qui y prenaient place avaient lustrées. A proximité, un alignement de pierres aménagé en fer à cheval indiquait la direction de La Mecque, sanctuaire de fortune pour que le voyageur puisse répondre à l'appel du muezzin en toutes circonstances. Parvenus sur la route goudronnée, un Vieux accompagné de son mouton et une femme qui transportait une bassine remplie de mangues nous fit signe. Le chauffeur stoppa la voiture et descendit ouvrir la portière arrière qui était coincée afin que la femme puisse monter tandis que le Vieux tentait de faire grimper l'ovin peu conciliant. Omar, musclé par des milliers d'heures de djembé, souleva la bête sous le ventre et la posa sur la plate-forme du pick-up. Le Vieux monta à son tour, encombré par l'ampleur de son boubou vert éclatant, et s'assit près de l'animal bêlant.

Parvenus à Guignabour, à mi-distance de Sindia, il nous fallut ralentir. Des branchages et, un peu plus loin, des tas de cailloux avaient été posés au milieu de la route pour nous signaler un véhicule en panne. Une jeune élégante en profita pour nous arrêter. Elle arborait un invraisemblable chignon fait avec des tresses et des mèches synthétiques enduites de paillettes dorées. Elle venait probablement soit de se marier, soit de baptiser son dernier-né, cette coiffure étant la dernière mode à afficher pendant ces cérémonies.

On laissa sur notre droite l'indécence des pelouses du nouveau centre national d'entraînement pour les footballeurs implanté dans ce village de brousse desséché. Là-bas, sont formés les footballeurs comme on élève des poulets de batterie, avant qu'ils ne soient expédiés dans les clubs européens, friands d'athlètes peu exigeants quant à leurs conditions d'exploitation.

Au croisement de Sindia, tout le monde descendit en me remerciant. Je répondis : « Niokobok ! »

Le fonctionnaire de la pépinière, sanglé dans un uniforme vert à barrettes dorées, trop étroit pour lui, somnolant en attendant un improbable visiteur, me fit remplir un formulaire de demande précisant le nombre d'arbres que je désirais. J'aurais voulu en planter des milliers pour faire obstacle à la gabegie peule !

Dans des chaussettes de plastique noir s'alignaient les essences courantes de la brousse : acacia, flamboyant, fromager, caïcédrat, prosopis, mais pas de baobab. Il faut dire que nous serons tous morts avant qu'un de ces géants n'atteigne la taille qui le mette hors de danger. Je me demande ce que les touristes, lorsqu'ils en rapportent un exemplaire miniature dans un pot en France, espèrent en tirer ! J'emportais une vingtaine de plants, bien décidée à revenir.

Quittant Thiès, un gendarme debout en plein milieu de la route nationale nous fit signe de nous ranger sur le bas-côté, la couleur blanche de ma peau ne lui ayant pas échappé et l'espoir d'un bakchich non plus. Il demanda les papiers du véhicule qu'Omar chercha en vain dans le pare-soleil, sa place habituelle. Le gendarme menaça de nous emmener à la fourrière, même si je doute qu'il en existe une, de nous confisquer la voiture et de nous verbaliser lourdement. Son excitation croissait au fur et à mesure qu'il cherchait à nous intimider. Omar appela son patron et lui expliqua notre situation. Abdoulakhmane était précisément à Sindia avec les papiers qu'il confia au chauffeur d'un taxi-clando en partance pour Thiès. On attendit près de trente minutes l'arrivée dudit véhicule. Au même moment, une autre voiture stoppa sur le côté de la route. Un grand escogriffe flottant dans son costume occidental beige en sortit et salua le gendarme qui avait repris son poste au milieu de la chaussée. Omar reconnut un « politicien » de notre zone, c'est-à-dire un de ces hommes qui parlent français et qui se mêlent de tout ce qui pourrait les faire valoir, se dirigea vers nous et prit grand soin de vérifier que nous savions à qui nous avions à faire avant de s'enquérir de notre stationnement prolongé. Désolé d'apprendre notre mésaventure, il enjoignit au gendarme de nous rendre promptement les papiers qu'il n'avait pas encore eu le temps de vérifier. Le gendarme s'empressa de les tendre au « politicien » qui les lui rendit avec un mouvement de tête appuyé, lui signifiant par là que tel n'était pas son rôle. Je le remerciai avec un enthousiasme volontairement débordant, il sera peut-être utile dans une autre occasion qu'il se souvienne de moi, et nous repartîmes. Sur le chemin du retour, je reconnus Mamadou le Peul qui attendait près du poulailler de Bandia, il se rendait justement à Kolamki pour nous demander si, en ce temps de soudure difficile, nous avions du travail à lui fournir. Au croisement de Sindia, on prit à notre bord deux personnes qui se rendaient à Popenguine et qui avaient dû quitter le véhicule qu'ils comptaient emprunter pour cause de panne. Le chauffeur, qui n'avait pas de cordes pour se faire remorquer jusqu'au garage, avait inséré par les portes battantes grandes ouvertes l'avant de sa voiture à l'arrière du car rapide. Les gendarmes, qui verbalisaient à peu près tout et n'importe quoi lorsqu'il s'agit d'arrondir leur salaire, même l'intention qu'ils prêtent aux conducteurs de vouloir commettre une infraction qu'ils n'ont pas encore constatée, laisseraient sans doute passer le convoi moyennant le prix du tiep bou dien de midi. J'annonçai à nos passagers que nous faisions un crochet par Popenguine Sérer, ce qui ne dérangea personne. De toute façon, ils auraient dû attendre qu'un autre taxi-clando soit plein pour partir et personne ne savait combien de temps cela pouvait durer.

Arrivée à Kolamki, je montrai avec enthousiasme mes trésors à Tamsir qui considéra le nombre de trous à faire pour replanter les déracinés avec moins d'empressement.

Il serait injuste d'accuser seulement les vaches des dégradations commises à Kolamki, les chèvres y contribuaient aussi. Nous passions beaucoup de temps avec les enfants à les chasser avec des pierres et nous avions amélioré la précision de nos tirs. Mais au fil des semaines, ils se lassèrent de courir après les animaux qui revenaient dès que nous avions le dos tourné ou les yeux fermés pendant la sieste. Le QI de la chèvre est plus élevé que celui d'un veau et il était beaucoup plus difficile de les attraper, cependant j'avais plusieurs fois réussi avec leur aide à en capturer. Pour dissimuler leur incorrection, les propriétaires venaient à la nuit tombée récupérer leur bête que Tamsir leur rendait non sans les avoir sermonnés.

Pour ma part, il était patent que ces palabres n'avaient aucun effet et j'avais demandé à Mamadou le Peul de nous aider à construire des palissades en kinkéliba autour des arbres. Très vite, les chèvres dévorèrent la savoureuse écorce du kinkéliba, laissant le champ libre aux termites. En quelques semaines, nos nouvelles plantations avaient été saccagées.

Je ne pouvais pourtant pas me résoudre à clôturer Kolamki avec du grillage comme Tamsir ou Guissé le suggérait. J'avais le sentiment qu'en protégeant ainsi nos possessions, nous allions construire notre propre prison. J'ai hésité longtemps, m'efforçant à la patience. Mais un après-midi, une chèvre dévora la dernière feuille du caïcédrat de la cour que nous avions patiemment arrosé. Cet ultime coup porté me décida subitement et quatre jours plus tard, un grillage fut posé.

De fait, cette solution arrangeait aussi notre voisin Ismael dont le champ était mitoyen au nôtre. Il y a longtemps, le grand-père de Mam Armand avait fait venir de Rufisque à Popenguine le père de cet homme pour qu'il y fonde sa famille et agrandisse le village. Il était considéré comme un parent, il habitait donc à N'Diayen et Mam Youssou lui avait prêté son champ qui, au final, devint la propriété d'Ismael. Après l'hivernage, Ismael entreposa son abondante récolte d'arachides à l'abri dans notre champ, qui sans cela, aurait nourri tous les animaux environnants.

Pendant plusieurs jours j'avais été sans joie, privée de la liberté d'aller et venir à mon gré, obligée d'emprunter les deux portes situées à chaque bout du champ. L'espace n'existe que par ce qui le délimite, le mien venait soudainement de se rétrécir.

15

Nous profitions toujours du puits de notre voisin, « niokobok », trop occupés par les travaux des champs pour s'inquiéter du nôtre. Le temps n'existait plus à Kolamki.

Les Africains disent en plaisantant aux toubabs « vous avez les montres et nous on a le temps ! », et même si la plupart d'entre eux en portent, quand on demande l'heure à un Sénégalais, il répond évasivement : « Onze heures moins. » Moins combien ? Quel intérêt ?! Pour être dans le bon timing, à savoir celui qui coïncide exactement avec ce qui est là, on ne prévoit pas, on n'anticipe pas et on est en retard aux rendez-vous. Tout le monde s'en accommode car les retards s'annulent et se compensent. Comment prévoir le jour d'une naissance ou celui d'un décès ? Quand l'événement surgit, on se rend disponible tout de suite. Avant ou après sera de toute façon raté. Le temps est plus que relatif ici : il est sans importance.

Nous faisions juste ce que nous avions à faire, à notre rythme, sans contrainte ni obligation de résultat, débarrassés de la tension qui nous projetait sans cesse dans le futur, nous empêchant de vivre notre présent.

Un après-midi, après le troisième appel du muezzin, cinq femmes arrivèrent à Kolamki avec des bassines à la main. L'eau ne coulait plus dans les robinets du village. Etaient-ce des travaux quelconques de réfection ou une pénurie organisée ? Lorsque l'eau potable vient à manquer, ce sont les villages de brousse qui sont concernés, leur mécontentement ne s'entend pas dans la capitale.

Tamsir les autorisa à utiliser le puits bien qu'il ne nous appartienne pas et qu'une vieille querelle opposât le propriétaire à quelques membres de sa famille de Popenguine Sérer. Il avait fini, excédé, par empoisonner leurs chèvres divagantes, lesquelles avaient saccagé son verger, précisément celui où se trouvait le puits. « Niokobok ! » Tamsir jugea que les rancunes les plus tenaces tombent face à l'adversité.

Les femmes défilèrent toute la journée. C'était un brouhaha incessant, les rires, les altercations, le bruit de l'eau versée dans les bassines troublaient le silence habituel de Kolamki. La file s'étirait en une myriade de boubous multicolores et de bassines colorées. Certaines femmes s'étaient installées sous le manguier pour faire leur lessive comme je le faisais moi-même. La nuit suivante, le bruit des seaux qui heurtaient la surface de l'eau me réveilla. Les femmes étaient assises dans la nuit éclairée par la pleine lune, attendant leur tour pour remplir non plus une bassine mais des bidons et des fûts, à l'évidence la coupure allait durer.

Après le deuxième appel matinal du muezzin, l'eau remontée du puits était trouble. Une heure plus tard, elle était boueuse. L'heure suivante, il n'y en aurait plus.

Tamsir ferma l'accès au puits et les femmes qui attendaient toujours en furent très mécontentes. Je ne comprenais pas leur irritation, que pouvaient-elles faire avec cette eau boueuse ? La faire décanter. C'était mieux que rien. Tamsir dut imposer des restrictions pour protéger le puits et il leur interdit de revenir avant la dernière prière de l'après-midi. A quatorze heures cependant, quand le soleil grille tout ce qui vit, les femmes revinrent silencieusement reconstituer la file d'attente. Tamsir organisa l'ordre de passage que l'excitation joyeuse des femmes ne pouvait pas canaliser : une seule bassine par personne.

En fin d'après-midi, il n'y avait plus d'eau. Mais pendant la nuit, le puits se remplit.

Les femmes s'aidaient mutuellement à hisser leur bassine pleine d'eau sur la tête et, parfois, la manœuvre ratant, une partie du contenu se renversait sur elles, les faisant hurler de joie. Riant toujours, elles avaient transformé cette corvée fastidieuse en manège joyeux, n'hésitant pas à s'éclabousser et à jouer comme des enfants.

La coupure dura trois semaines. Du puits sortait l'eau vive. Le village n'en manqua pas.

Je me demandais pourquoi les femmes n'avaient pas utilisé l'un des trois puits du village, plus proches des habitations. En me penchant, j'avais constaté qu'ils étaient remplis de détritus, de pneus usagés, de bassines abîmées et de vieux bidons crevés. L'eau courante aux robinets avait relégué celle des puits aux oubliettes. Toutes les maisons n'étaient pas équipées mais certaines femmes avaient instauré un commerce parallèle de vente d'eau, cinquante centimes par bassine, ce qui arrangeait leurs voisines.

Tamsir palabra beaucoup et offrit de financer la remise en état des puits mais sans succès, sa proposition n'intéressant plus personne car l'eau coulait à nouveau dans les robinets ! A chaque jour suffit sa peine. La ressource semblait inépuisable. Nous avons la mémoire courte en ces temps vacillants et le confort ramollit les meilleures résolutions.

Cet épisode pointait pour nous l'urgence d'achever notre propre puits en souffrance depuis la maladie mystique des précédents puisatiers.

Où chercher une nouvelle équipe ? Il fallait attendre la rencontre fortuite qui nous fournirait une information. Heureusement, notre puits alimentait les conversations. Tamsir apprit au milieu des bavardages décousus que tiennent les fidèles assis sur les sacs de riz de la buvette de Jérôme que des puisatiers venus de Thiès avaient creusé, il y a des années de cela, un puits à Popenguine Sérer. Piste ténue à laquelle Tamsir s'accrocha pour remonter, à force de questionnements, jusqu'au gardien dudit puits qui lui donna un numéro de téléphone, probablement obsolète.

Pourtant, Abdou décrocha et se présenta le lendemain à Kolamki comme il l'avait promis. Cela présageait du sérieux de cet homme. Le prix qu'il réclamait était le double de ceux pratiqués jusque-là, de plus, il exigeait une avance considérable qui ne me mettait pas dans de bonnes dispositions à son égard. Pourtant, il y a parfois des moments de grâce où l'intuition prend le pas sur la méfiance, ainsi j'acceptais les conditions du marché. Il ne fallait plus tergiverser sur l'essentiel.

Ils installèrent un campement sommaire au pied du manguier. Les trois hommes se relayaient en silence du matin jusqu'au soir, s'accordant une pause aux heures les plus chaudes. Pendant que l'un piochait au fond des dix mètres de boyau, l'autre tirait sur la corde pour remonter la terre dans un seau et le troisième préparait du thé, du confit de thé devrait-on dire, tant il est cuit et recuit dans une quantité ahurissante de sucre. Je ne remarquais aucune trace de lassitude sur leur visage, ils souriaient toujours. Ces trois hommes étaient peuls et depuis notre installation à Kolamki, les événements nous reliaient à cette ethnie cousine. Ce n'était pas un hasard. Les Peuls sont probablement les derniers Initiés au Sénégal, ils ont su conserver intacts leurs traditions et leur savoir. Ils ne se mélangent pas avec les autres ethnies, non pour protéger une illusoire supériorité mais pour ne pas diluer l'héritage, ne pas le dénaturer. Je compris durant les semaines que ces puisatiers passèrent à Kolamki ce que signifie être heureux d'être à sa place.

Mariama, Sélimata et surtout Tierno étaient fascinés par ce trou. Les puisatiers les avaient fait descendre tout au fond l'un après l'autre pour satisfaire leur curiosité et couper court à toute velléité de jouer les spéléologues en notre absence. Tierno passait de longues journées à creuser à côté d'eux son propre trou et s'amusait à remonter une boîte de conserve accrochée à une ficelle qu'il avait dénichée dans le dépôt d'ordures.

Pendant ce temps, ses sœurs apprenaient à l'école de Popenguine qu'elles rejoignaient après une marche à travers la brousse de deux kilomètres. Je n'étais pas soucieuse de les laisser partir seules. Je me souvenais de l'anecdote que m'avait racontée Tamsir. Une nuit, il devait être deux heures du matin, son père Mam Armand l'avait réveillé avec deux de ses petits frères en lui confiant la mission d'aller au village voisin annoncer le décès d'un Vieux de Popenguine. Tamsir n'était pas rassuré du haut de ses onze ans de devoir traverser la brousse au milieu de la nuit. Les hyènes et les chacals rôdaient sûrement. Et les serpents, dormaient-ils ? Mais la demande de son père n'admettait aucune discussion, et tandis qu'il s'habillait, il se répétait que son père ne prendrait certainement pas le risque d'exposer son jeune fils aîné à un quelconque danger : Mam Armand savait ce qu'il faisait en l'envoyant ainsi. Il se disait aussi que son père le jugeait donc apte à accomplir cette mission, et avait confiance en lui. Fort de cette certitude, Tamsir avait hardiment quitté la concession pour s'enfoncer au cœur de la nuit noire de la brousse puis était rentré à N'Diayen, jeune messager sans peur empli de fierté.

Comme son père en son temps, Mariama était fière de sa position d'aînée à qui l'on confiait la tâche de cornaquer sa petite sœur au travers de la brousse et de ses périls imaginaires. Souvent, elles se joignaient à d'autres enfants qu'elles rencontraient en chemin, le trajet leur paraissait moins long. Parfois aussi, un charretier s'arrêtait pour les faire monter. Les cours se terminaient entre treize et quatorze heures, quand la chaleur devient insupportable. Comme les enfants revenaient à Kolamki à pied, on décida d'acheter un âne et une charrette, attelage qui nous serait d'ailleurs bien utile pour cultiver au prochain hivernage. Il n'y a pas de grande surface spécialisée dans ce type de transport dans la brousse, dès lors, où se procurer un tel équipage ?

J'ai proposé à Tamsir de nous approprier un de ces ânes errants qui mangeaient nos arbres, mais il s'y opposa. Tous les ânes avaient un propriétaire qui les récupérait au moment des pluies.

« Et si on le maquillait comme une voiture volée ? On lui coupe la queue ou bien on lui fait une marque... Ce serait un juste retour des choses, non ?

— Tu veux vraiment nous attirer des ennuis ? Tous les ânes se battent et portent des traces de morsures bien visibles que leur propriétaire identifie aisément. Nous achèterons notre âne...

— Facile à dire, où va-t-on en chercher un ?

— On trouvera », conclut Tamsir.

A présent, dans l'épicerie buvette de Jérôme, autour d'une Gazelle, la bière locale, ou d'un verre de vinaigre espagnol pompeusement dénommé vin, on ne parlait plus du puits de Kolamki, mais de son âne.

Tamsir apprit là-bas qu'un Vieux de Guignabour vendait le sien. Il se rendit dans le village voisin, examina l'animal qui était jeune et robuste et l'acheta. Les enfants du Vieux l'amenèrent le lendemain à Kolamki, et comme un vent violent soulevait la poussière sèche du chemin, on lui donna le nom de n'galaw, le vent en ouolof, augurant que la brave bête soit aussi rapide.

Le jour suivant, un habitué de la buvette croisé près de l'arbre à palabres prévint Tamsir qu'un autre Vieux vendait une charrette à Sindia. Tamsir grimpa dans le taxi-clando qui fait la liaison avec le village pour aller inspecter la charrette. Elle était en excellent état, fait plutôt rare vu la manière acrobatique dont les enfants, se tenant debout accrochés aux rênes et fouettant constamment l'âne pour le faire galoper plus vite, mènent les charrettes sur les pistes défoncées.

La négociation s'engagea avec le Vieux qui la vendait pour payer les frais d'hôpital occasionnés par un berger peul qui l'avait attaqué avec sa machette. Les allégations se vérifiaient-elles donc ? Le Vieux nous cédait sa charrette à condition que l'on prenne aussi son âne. Nous n'avions pas besoin de deux ânes. Mais les enfants insistèrent pour qu'on garde le premier, il était si mignon avec ses grandes oreilles ! Nous l'avons appelé Lassi, ce qui veut dire « envoyé par la Providence ».

Je n'avais jamais attelé un âne et encore moins dirigé une charrette. Ce ne devait pas être plus compliqué que de conduire une voiture. Seule différence, un âne est doué de sa volonté propre. J'ai commencé par convaincre Lassi de la nécessité de notre collaboration en lui apportant de succulentes épluchures de légumes, du mil et des arachides. Je lui fournissais une riche nourriture, de l'eau et trois enfants affectueux, avantages qu'il pourrait perdre s'il refusait d'être conciliant.

Ce régime de faveur avait duré une semaine à l'issue de laquelle j'avais attelé Lassi pour notre première excursion à Popenguine, gageant de sa reconnaissance.

Hélas ! Nous avons rasé les haies d'euphorbes durant tout le trajet, une roue sur le sentier, l'autre sur le bas-côté. L'euphorbe est un arbuste à la peau délicate qui libère, dès qu'on l'effleure, une substance blanchâtre et caoutchouteuse plus puissante que la colle. Mon pagne en était souillé et toute la saleté du chemin se fixait sur mes bras englués. Je n'avais pas fière allure. Lassi s'immobilisait net dès qu'il voyait un trou, une pierre ou une branche en travers de son chemin.

« Atcha, allez, atcha ! » Mes injonctions d'abord aimables puis lâchées sur un ton de plus en plus irrité n'y faisaient rien. J'avais croisé des enfants qui revenaient de l'école, manifestement j'étais en retard sur l'horaire, et qui faisaient mine de battre l'âne avec un bâton. J'hésitais à employer cette solution brutale mais face à l'obstination de Lassi, j'avais coupé une branche souple de neem et je l'avais fouetté sur la croupe, sans résultat, puis sur les naseaux et les oreilles. L'âne avait démarré en trottinant puis avait ralenti l'allure pour s'immobiliser à nouveau. J'étais en sueur, en retard et bien encombrée avec un attelage que je ne savais pas diriger.

Je ne voulais pas renoncer, certaine que Lassi en tirerait sur moi un avantage définitif. J'étais le maître, il devait obéir. Forte de cette certitude, j'avais vigoureusement battu Lassi jusqu'à ce qu'il reprenne le trot. Mon bras était douloureux, certainement autant que les oreilles de l'âne. Je n'avais pas desserré mon emprise sur lui jusqu'à l'entrée de Popenguine, utilisant le bâton dès que fléchissait sa coopération.

Arrivés à Popenguine, je me sentis gênée de montrer de la rudesse envers mon âne et mes coups devinrent moins appliqués. La conséquence ne tarda pas à se manifester : Lassi stoppa net devant la menuiserie installée au départ de la route principale goudronnée et toute droite. Il n'y avait aucun endroit pour échapper aux regards que tout le village fixait sur mon âne et sur ma charrette.

Le menuisier que je connaissais bien, hilare, me faisait signe de bastonner l'animal avec des gestes vigoureux. Je me sentis légitimée à corriger l'âne qui me ridiculisait et Lassi se remit en marche. Je passais devant le petit marché des femmes qui tapaient dans leurs mains en riant. Mam Oumy leva les bras au ciel l'air de dire : « Ma goro toubab n'en fera pas d'autre ! »

J'avais continué le long de la route tandis que les têtes se retournaient sur mon passage. Leurs regards amusés ne me troublaient plus. Dans le fond, je perpétuais une tradition encore récente que les gens avaient abandonnée au profit de moyens certes plus rapides mais tellement polluants et dont le coût ne cessait d'augmenter. J'étais persuadée que j'allais faire des émules.

J'avais eu de sérieuses difficultés à négocier le virage de la route de N'Dayane qui mène à l'école, Lassi ne consentant visiblement qu'à suivre une ligne droite.

Mariama et Sélimata patientaient en compagnie de leurs camarades qui restaient toujours aux abords de l'établissement après la classe pour prolonger les comptines qui accompagnaient leurs rondes. « Bilibam ay bilibam ! » La rareté des voitures, l'absence de pédophiles embusqués ou de raquetteurs et les dizaines de regards adultes qui veillaient sur tous les enfants du village étaient rassurantes. Parfois, une grève impromptue ou une obligation personnelle de l'instituteur, comme celle d'aller récupérer son salaire à la ville voisine, mettait fin plus tôt que prévu à la classe. D'autres fois, le passage d'une unité mobile de soins pilotée par une organisation caritative qui faisait halte sur la place du village attirait les enseignants qui profitaient de cette aubaine. Les horaires, comme la date de la rentrée des classes, étaient fluctuants et s'aménageaient au gré des convenances de chacun. Le jour de l'ouverture des classes pouvait être repoussé de plus d'une semaine, le temps pour les parents démunis de réunir l'argent nécessaire pour inscrire leurs enfants à l'école. Il n'était pas rare que les instituteurs prolongent la durée des cours pour rattraper les heures perdues, sans que bien sûr les parents n'en soient informés ! Mise devant le fait accompli, il y avait néanmoins toujours quelqu'un pour me dire où Mariama et Sélimata avaient été vues pour la dernière fois. Parfois, je les trouvais en train de déjeuner ici ou là, même chez la femme du directeur.

Mon arrivée avait provoqué une explosion d'enthousiasme joyeux. Les enfants s'étaient éparpillés autour de la charrette tandis que Mariama et Sélimata, fières, grimpaient à bord. A ma stupéfaction, Lassi avait accepté de se mettre en route au seul son de ma voix, pressé je suppose, de regagner ses tranquilles pénates broussardes. Les enfants dispersés qui maintenant couraient derrière nous avaient applaudi la performance. Dès que l'âne ralentissait son allure, mes filles m'encourageaient à maintenir la cadence, toutes excitées d'entendre le vent bruisser à leurs oreilles, encore plus quand elles devaient baisser la tête pour éviter une branche basse couverte d'épines.

Rendus à Kolamki, l'objectif était atteint, et je disposais d'un bon moyen de transport, économique et écologique.

Les jours passaient, seuls la régularité de la scolarité des enfants et les appels du muezzin nous donnaient une idée de la date et de l'heure. On travaillait selon les nécessités, la course du soleil nous indiquait qu'il était temps de nous lever ou de nous coucher. Dans ce monde d'incertitudes, c'était la seule chose immuable sur laquelle on pouvait compter.

Le soir à la belle étoile, après avoir pris le repas assis autour du large bol posé sur la natte, Tamsir racontait ses souvenirs d'enfance. Comme la fois où, à peine âgés d'une dizaine d'années, il avait coursé avec ses camarades une chèvre dans la réserve, qui à ce moment-là était bien davantage qu'une réserve de cailloux, pour en faire un méchoui. Tamsir courait devant sans remarquer qu'il était seul à présent, les autres enfants ayant cessé la poursuite dès qu'ils avaient aperçu le berger peul. Quand Tamsir s'était retourné et qu'il avait vu à son tour le coupe-coupe briller dans le soleil, il s'était mis à courir plus vite qu'il n'en était capable, sautant par-dessus les arbustes, ignorant les pierres tranchantes, jusqu'à ce qu'il plonge dans un épais buisson d'épineux à la sortie de la réserve. Il avait cessé de respirer. Il voyait les pieds nus du berger qui tournait autour de sa cachette. Il avait attendu, raide comme un cadavre, tout son corps lacéré le brûlait. Le berger ne reculait pas et Tamsir avait instinctivement récité des prières, les yeux fermés, s'attendant à sa mort prochaine. Enfin, le berger s'était éloigné en proférant des menaces. Tamsir avait attendu longtemps immobile que la nuit s'annonce puis il avait jailli de ce qu'il avait cru être son ultime demeure et avait repris sa course effrénée sans oser se retourner. Il s'était jeté sur son lit et s'était endormi aussitôt arrivé à la concession. Ni Mam Armand ni Mam Oumy ne l'avait réveillé pour le questionner, pressentant qu'un événement d'importance venait de lui arriver et ils avaient attendu le lendemain pour l'interroger. Par crainte d'être sévèrement corrigé, Tamsir avait inventé des explications pour justifier ses blessures.

Cet incident n'était-il pas l'origine lointaine de nos déboires avec les Peuls ? Car un Peul insulté le reste jusqu'à ce qu'il ait consommé sa vengeance, la malédiction se transmettant de génération en génération.

Les enfants étaient fascinés par les aventures de leur père et ils ne se lassaient pas de l'écouter raconter les chasses à l'écureuil avec le lance-pierres, les courses d'ânes montés à cru qu'ils capturaient en cachette, les braconnages pour se régaler d'un petit gibier grillé à même la flamme, les escapades dans la brousse où l'on rencontrait encore des pythons et des hyènes et comment il rusait dans les boutiques pour tremper en fraude son pain dans le bidon d'huile du marchand.

Tamsir était leur héros. La tête pleine de ses exploits, nous allions nous coucher, tous dans la même case, puis Tamsir soufflait la flamme de la lampe-tempête. Les nuits étaient paisibles, l'air circulait par la fenêtre et la porte laissées ouvertes, procurant une fraîcheur inconnue dans les maisons de briques fermées à clé. Tamsir avait enterré des amulettes sur le seuil de la case pour nous protéger de toutes sortes de prédateurs, et des racines réputées éloigner les serpents.

J'étais la première levée. Je m'imprégnais du silence de la brousse que les crissements des grillons et le braiement de nos ânes qui me saluaient à leur façon ne troublaient même pas. Quelle banalité que d'évoquer la quiétude blanche de la naissance du jour ou l'orange éclatant du soleil certains matins ! J'étais dans de bonnes dispositions pour accueillir le réveil de mes enfants et celui de mon mari. J'étais à leur service, gardienne du foyer.

Avant de partir pour l'école, les enfants sortaient les chèvres et les moutons de l'enclos pour les amener pâturer dans le champ, une patte retenue par une corde à un piquet. Nous avions acheté ces animaux dans l'intention de les manger, mais les enfants s'y étaient attachés. Le troupeau de départ constitué d'un bouc et d'une chèvre que nous avions nommés Adam et Eve, transposition de Adama et Awa, prénoms systématiquement donnés aux naissances gémellaires qu'elles soient mixtes ou pas, et d'un mouton destiné au sacrifice d'une Tabaski à laquelle il avait échappé grâce à ses jolies cornes torsadées, s'était reproduit. Tierno jouait au berger peul, la couleur claire de sa peau était un atout indéniable.

Les premiers jours, les animaux l'avaient traîné, impuissant au bout de la corde qu'il refusait de lâcher, son honneur de Peul étant en jeu. Il avait parcouru à plat ventre une bonne partie du champ, égratigné par les épineux. L'expérience aidant, muni d'un bâton, Tierno dirigeait à présent les bêtes qui peu à peu s'étaient assagies.

Les enfants s'occupaient également de notre petit élevage de volailles, car les poulets sont désormais introuvables au village. Coqs, poules, poussins picoraient autrefois dans toutes les concessions, activité que les femmes ont délaissée, appelées à des tâches extérieures ou trop occupées par leur commerce de tissu, de produits cosmétiques et autres accessoires importés. Je refusais tout net de manger les poulets semi-industriels élevés dans des espaces confinés surchauffés, nourris avec des farines achetées on ne sait où, et tués après 60 jours, pas un de plus, que les boutiques proposaient de surcroît congelés. Cependant, notre première tentative avec un coq et trois poules s'était soldée par un échec. Le poulailler traditionnel fabriqué par Mamadou le Peul ne les avait pas protégés des attaques nocturnes de prédateurs inconnus. C'est sûr, le coq Valentin avait été tué par un serpent puisqu'on avait trouvé la trace des crochets mortels dans son cou, certainement un cobra, mais le décès des poules Valentine, trouvées décapitées, n'avait pas été élucidé. De fait, nous avions renoncé aux gallinacés et avions opté pour l'élevage des canards réputés être des chasseurs de serpents tout comme le sont aussi les oies. Ils déambulaient en liberté et nous les laissions libres la nuit de se protéger eux-mêmes de leurs ennemis potentiels en s'envolant la cas échéant. Les canes, Croisette et Festival, avaient la fâcheuse habitude de se percher sur la margelle du puits, profitant de la fraîcheur qui émanait de l'eau. Un matin, Mariama constata qu'il en manquait une à l'appel et, après d'infructueuses recherches aux alentours, la trouva au fond du puits ! Par chance, elle était vivante mais comment la faire sortir ? Tamsir envisagea de descendre la chercher attaché à la corde mais les enfants et moi n'étions pas de taille à l'assurer. Alors, il eut l'idée d'aller chercher une ligne de palangrotte. Il y attacha un gros hameçon triple, balança le tout dans le puits et expert, pêcha la cane par une aile.

S'il ne devait pas procéder de bon matin à un sauvetage périlleux, Tamsir ramassait les déchets de bois et de paille qui jonchaient le sol de la cour pour allumer le feu. A la suite de quoi, je chauffais de l'eau pour cuire le tiéré que Rokhaya, la femme de Guissé, préparait pour moi. Je le mélangeais avec du sucre et du lait caillé acheté à Bigué la Peule, crémeux à point. Premier repas d'une journée qui se remplirait d'elle-même, il suffisait d'emboîter le pas aux événements.

Rares sont les concessions où l'on consomme encore du couscous de mil au dîner, encore moins au petit déjeuner.

Un soir, comme presque chaque soir, alors que nous savourions *notre* tiéré nappé de mafé préparé avec *nos* arachides et *nos* niébés, Sélimata s'était exclamée : « J'en ai marre de manger nos récoltes ! »

Amy, la sœur de Tamsir, même père, même mère, s'étonnait que nos enfants mangent du mil alors que les siens le refusent et lui préfèrent le pain tartiné de beurre, parfois de chocolat ou des sandwichs qu'elle achète aux étals des femmes. Si dans une même famille, les jeunes gens mettaient en commun l'argent qu'ils ont dépensé individuellement, ils feraient chaque soir un festin ! Hélas, les jeunes femmes ne savent plus cuisiner le lahou thiahan, si riche, ou la sauce à base de feuilles de « never die », le meringa, l'arbre de longévité. Les jeunes achètent un morceau de pain chichement garni de pâte à tartiner ou d'un mélange de poissons écrasés avec du piment, parfois agrémenté de salade ou de frites. Ils avalent, seuls, ce succédané de repas qui leur laisse le ventre vide mais les propulsent dans l'univers moderne de l'individualisme. Ils sont aussi charnus que du fer à béton. Les canons esthétiques et l'état d'esprit inhérent changent. Ils préfèrent être longs et dégingandés, la ceinture du pantalon portée à mi-cuisse, exhibant leur léthargie, plutôt que musclés, ce qui les ferait paraître trop virils, donc mûrs et responsables.

C'est une vérité, nous devenons ce que nous mangeons. Les dispensaires sont saturés de villageois ayant des maladies qui étaient inconnues jusqu'alors comme le diabète, l'hypertension ou l'asthme. Les Vieux ne meurent plus dans les concessions, tranquillement, ils décèdent au dispensaire, intubés ou perfusés, techniques censées les guérir de maladies dont le diagnostic reste flou mais le traitement, venu d'Europe, très rentable. La dégradation de la qualité de la vie et les frais de santé inhérents, ici aussi, sont devenus un juteux marché à exploiter.

« Si tu ne leur donnais rien d'autre, je t'assure qu'après deux jours mes neveux mangeraient du mil ! C'est à toi de décider, pas à eux », avait expliqué Tamsir à sa sœur, conscient que son conseil était vain.

Il ne lui avait pas échappé qu'en matière d'éducation également, les villageois avaient abdiqué l'essentiel. La tradition orale dit : « Il faut tout un village pour éduquer les enfants et pour que les parents ne deviennent pas fous ! » Les enfants n'étaient plus au cœur de la communauté du village. Comme si la réalisation du futur ne reposait plus sur eux, comme si le monde allait finir avec les Vieux. Les femmes travaillaient et faute de temps ne s'en préoccupaient plus, quant aux chefs de famille, ils étaient absorbés par autre chose que l'éducation de leur progéniture. Ils se concentraient sur l'immédiateté du jour : comment trouver quelques CFA pour satisfaire les exigences de leurs épouses qui réclament un tube de crème éclaircissant la peau, de leur sœur qui a besoin d'argent pour le « pass », le ticket de transport pour se rendre au baptême d'une cousine, de leur mère, de leur cousin, de leur voisin, ou la demande insistante de leur fils qui veut du « crédit » pour charger son téléphone portable. Dans cette société de tradition orale, Orange, principal opérateur de téléphonie, bâtit une fortune colossale avec la parole des Africains !

« Il ne faut pas jeter le bâton qui t'a accompagné pour un autre, mieux taillé, que tu as trouvé l'après-midi même, car le premier contient déjà une partie de ton histoire », dit la sagesse populaire. La tête farcie de nouveaux soucis, les gens ne regardent même plus où ils marchent et de fait, ils écrasaient nos jeunes pousses de mil.

Avant, à Popenguine, les gens travaillaient pour produire leur nourriture, aujourd'hui, ils cherchent du travail pour gagner de l'argent et acheter de la nourriture, importée le plus souvent. Découragés par l'insuffisance des pluies depuis près de trente ans, les hommes ont peu à peu délaissé la terre. Leurs enfants ne mangent pas de mil parce que leurs pères n'en cultivent plus.

Tamsir avait répondu à Sélimata : « Tu as de la chance de te nourrir du travail de tes parents et de la générosité de la terre. Ne l'oublie pas. Ce sont des valeurs sûres. Mais, c'est promis, demain, votre maman achètera des spaghettis à la boutique du Maure ! »

Tamsir poursuivait l'œuvre de son père, de son grand-père et de tous ceux qui les avaient précédés en transmettant un savoir-être, garant de l'autonomie de nos enfants et, je le savais, de leur bonheur.

16

Les puisatiers, à force d'opiniâtreté, avaient atteint une couche tendre de sable ocre et rouge. Abdou avait l'air satisfait. Il devinait en laissant couler le sable entre ses doigts écartés que ce chantier prendrait bientôt fin. Les enfants avaient trouvé un terrain de jeux excitant sur ce tas de sable. Réalisaient-ils qu'ils se trouvaient sur une terre neuve jamais foulée depuis la Création ? A entendre leurs rires limpides, je crois que oui. Ce premier contact était le lot quotidien des puisatiers, ils en tiraient leur force et leur assurance.

Les petites-nièces de Fatou apportèrent du village leur repas du soir que sa sœur cuisinait pour eux depuis leur arrivée à Kolamki. Les puisatiers s'assirent par terre et me convièrent à faire comme eux. Nous avons partagé le bol en mangeant avec la main, pacte de paix entre nous.

Les enfants accompagnés de Fatou rentraient au village quand on entendit un hurlement. Abdou se précipita sur le chemin.

« Aïe ! J'ai été piqué, j'ai très mal ! »

Fatou tenait sa jambe et tournait dans tous les sens comme pour échapper à l'affreuse sensation de sentir son corps gagné si rapidement par une ardente brûlure.

Abdou regarda aux alentours mais ne vit rien. Il y a deux sortes de bêtes qui provoquent une telle douleur : les scorpions ou les serpents. Il n'y avait pas de dépouille de scorpion mort, cela pouvait être un serpent. Tandis qu'Abdou faisait au-dessus du genou un garrot avec le mouchoir de tête de Fatou, les nièces avaient prévenu la famille qui avait diligenté la voiture de Doudou, laquelle les emmena aussitôt chez un Vieux à Guerrow. Le poison du venin avait gagné la tête de Fatou qui se tordait de douleur. Tout le monde attendait que le vieux guérisseur sorte de sa maison car nul ne devait y pénétrer. Il attrapa Fatou par la main et lui fit faire plusieurs allers-retours sur le chemin en récitant des incantations. Puis, ils se mirent dos à dos et le vieux guérisseur traîna Fatou tout en lui faisant dessiner avec le pied des méandres sur le sol, simulant la reptation du serpent. Il ne cessait pas de murmurer des incantations, puissance du Verbe qui peut se faire chair, et la douleur redescendit peu à peu dans le pied. Après avoir fait à nouveau le trajet avec Fatou, le guérisseur lui donna un petit bonnet de coton blanc brodé.

« Garde ce chapeau pendant trois jours sans jamais l'enlever de ta tête et tu seras guérie. » La douleur était devenue supportable et elle rentra chez elle.

Je taquinais souvent Fatou en lui disant qu'elle était l'amie des serpents puisqu'elle était la seule la plupart du temps à apercevoir les couleuvres qui vivaient à Kolamki.

En Afrique, un bon serpent est un serpent mort. Sûrement parce qu'il est attaché à notre lointaine et diabolique histoire commune. Je n'avais pas la témérité de les écraser de mon talon, toutefois Fatou ne comprenait pas que je tolère ces inoffensifs serpents dans notre périmètre. Surtout parce que, disait-elle, des personnes mal intentionnées et dotées de pouvoirs magiques pouvaient, paraît-il, utiliser ces reptiles pour nous faire du tort. Le vieux guérisseur qui l'avait soignée ne pouvait malheureusement rien contre les morsures de ces serpents manipulés.

Les Vieux détenaient des connaissances, c'était indéniable. La perte de ce savoir amputerait irrémédiablement le patrimoine commun de l'humanité. Il était temps de le recueillir pour éviter que des puissants se l'approprient et le détournent à leur seul profit. Car le tentant serpent invite toujours l'homme (enfin, la femme, mais ne soyons pas sexistes !) à désobéir à Dieu, aux esprits de l'Autre Moitié du

Monde. Certains à Popenguine se prennent pour des Initiés, se laissent appeler marabouts et monnayent chèrement la superstition de leurs compatriotes et la naïveté des toubabs friands de magie africaine, en organisant des cérémonies rituelles qui relèvent davantage du simulacre que de la Tradition.

Avant l'Islam et le christianisme, Dieu s'appelait Roog Sene chez les Sérers, principe d'unité absolue qui sous-tend la multiplicité du monde manifesté. Du Un naît Deux, par paires d'opposés, qui en s'unissant crée le Troisième, unique, représentant du Un absolu. « La marche de l'homme n'est possible que par l'alternance contradictoire de ses pieds », dit la sagesse africaine, tous les contraires sont donc complémentaires. Point d'ange déchu, ni de tentation reptilienne ni de faute originelle. Les Ancêtres, retournés au Un, délivrent la Connaissance aux hommes aptes à la recevoir et à la faire fructifier pour le bien-être de tous. Comme le dit Amadou Hampaté Ba : « Initié par son Créateur, l'homme transmit plus tard à sa descendance la somme totale de ses connaissances. Ce fut le début de la grande chaîne de transmission orale initiatique. »

Tout est gratuit dans la nature, le Savoir également, mais il faut s'en montrer digne. C'est pourquoi les secrets utilisés à titre personnel et dans le but de s'enrichir se retournent contre le dépositaire malhonnête. On dit qu'une claudication inexpliquée, un rictus amer qui déforme la bouche ou qu'un membre soudainement paralysé sont le signe indiscutable d'une utilisation dévoyée.

Pendant les cérémonies rituelles, qui soit dit en passant auraient dû rester dans l'intimité des villages, se manifeste la Connaissance ultime. Le rituel n'est pas la répétition stérile de gestes codifiés rigides ou de paroles immuables mais un recommencement perpétuel, certes identique, mais indéfiniment nouveau. Le rituel exige de laisser parler son cœur, la logique du mental et la retenue du corps sont un obstacle à son succès. L'Esprit de l'Autre Moitié du Monde représenté par les génies et les personnes qu'ils habitent pendant les cérémonies voit aussi bien le visible qu'ils ont connu que l'invisible dont ils sont issus. De ce fait, ayant une double expérience, ils peuvent guider les hommes. Les cérémonies sont un prétexte pour sacraliser la vie, la rendre noble, car l'esprit de chaque homme est relié à celui de tous les autres. L'Esprit s'exprime, s'extériorise dans chaque corps humain, simplement certains sont plus réceptifs que d'autres, les possédés, les Initiés, et plus aptes pour restituer et rendre visible ce qui ne l'est pas. Ils dansent et ils marchent au son d'une mélodie intérieure à la recherche d'une harmonie dont ils conservent la mémoire.

Aussi puissante que soit l'initiation collective, elle ne nous dispense pourtant pas de faire soi-même son apprentissage.

Tamsir était doué pour le bonheur, naturellement heureux, comme la plupart des Sérers que je côtoyais, comme nos enfants. Pour ma part, j'essayais de vivre pleinement ses vérités aussi vieilles que le continent, de m'en imprégner de façon indélébile, et je m'appliquais à répéter patiemment les gestes que, grâce à lui, j'avais reconnus comme essentiels.

« Tamsir, vous ne serez jamais accepté à Popenguine Sérer ! » Etait-ce un moyen de se dédouaner pour son comportement ingrat à notre égard que l'oncle de Tamsir le mettait ainsi en garde ?

« Pourquoi ?

— Les Sérers ne se mélangent pas. Ils sont jaloux et médisants. Ils ne supportent pas la réussite des autres et ils font tout pour la saboter. » Sous-entendu en utilisant des pouvoirs occultes.

« J'ai protégé ma famille. » Tamsir avait enterré beaucoup d'amulettes à Kolamki !

« Ce n'est jamais suffisant.

— Ne t'inquiète pas et n'oublie pas qu'ils ne peuvent rien contre mon épouse.

— Contre elle peut-être, mais contre toi ?

— Mon épouse est le gri-gri le plus efficace. »

L'oncle leva les yeux vers le ciel, son neveu se doutait-il que les temps avaient changé et avec eux la mentalité des villageois ? Tamsir le savait mais il refusait cette fatalité. Dans son for intérieur, il était résolu à restaurer autour de lui ce qui avait fait la force et la cohésion de ses Ancêtres. Il était mûr et de taille à entretenir les braises du feu sacré. Il ne le laisserait pas s'éteindre sous ses yeux.

Les villageois nous croyaient de passage. Qui, en ces temps difficiles, était assez fou pour cultiver une terre que la plupart des paysans vendaient ? C'est vrai que le travail ingrat sous le soleil africain n'était guère rémunérateur au regard de la peine qu'il nécessitait. Pour récolter du bissap, il fallait cueillir à la main chacune des dizaines de fleurs urticantes que porte chaque tige de chaque pied. Ensuite, nous les mettions à ramollir au soleil pour ôter facilement le noyau central avant de remettre les fleurs décortiquées à sécher pour pouvoir les ranger dans des sacs. Le décorticage était mon travail de prédilection, assise seule sous le grand manguier pendant la forte chaleur du jour. J'effectuais la même tâche pour écosser les niébés ou dépouiller les pieds d'arachide, durant des dizaines d'heures silencieuses, interrompues de temps à autre par le cri d'un oiseau, le bêlement d'une chèvre ou le braiement d'un âne. Vendre un kilo de niébés ne nous permettait pas même d'acheter un kilo de sucre. Plus que des étrangers, nous étions des extraterrestres. Il est bien connu que cela dérange les gens qu'on ne vive pas comme eux.

Les salutations étaient polies mais certains faits ne mentaient pas. Les vendeuses de légumes pratiquaient des prix supérieurs à ceux du marché, me classant toujours après plus de dix ans passés au Sénégal dans la catégorie des toubabs nantis dont il fallait profiter (comment leur en vouloir d'ailleurs ?). On ne me remboursait jamais l'argent que l'on m'empruntait et plus aucun plat ne parvenait à la concession à l'occasion d'une fête ou d'un mariage. Leurs enfants rôdaient autour de nos cases pour nous épier comme l'avait fait Tamsir autour de celles des premiers colons qui venaient passer le week-end sur la plage de Popenguine. Tamsir gamin monnayait ses services auprès d'eux et fouillait méthodiquement après leur départ le contenu de leurs poubelles avec ses camarades. Cet examen méticuleux était source de disputes entre les enfants pour déterminer à qui reviendrait de déguster l'épluchure inconnue de la pomme ou l'os de poulet mal rogné, reste de choix qu'ils léchaient jusqu'à le ramollir.

Un jour, Sélimata nous questionna en rentrant de l'école :

« Maman, c'est vrai qu'on est pauvres ? » J'ai réprimé mon rire avant de lui demander à mon tour :

« Manges-tu à chaque repas ? As-tu des vêtements et des chaussures ? Peut-on te soigner quand tu es malade ? » Elle répondit « oui » à chacune de mes questions.

« Alors est-on pauvres selon toi ? » Sélimata secoua négativement la tête.

« Qui t'a dit que nous étions pauvres ?

— C'est les enfants à l'école qui m'ont dit que j'étais pauvre parce qu'on habitait dans des cases en terre. Mais je leur ai dit que c'était plus frais et plus sain. » Elle avait intégré la réponse de ses parents.

J'avais remarqué un changement dans l'attitude de Mariama, devenue irritable et soucieuse. Je soupçonnais ses camarades de classe toutes plus âgées qu'elle d'au moins trois ans, de la « rançonner » sous prétexte qu'elle était pour moitié toubab. Elle était en effet contrainte d'acheter leur camaraderie à la boutique près de l'école en espèces sonnantes qu'elle volait dans le porte-monnaie. Elle avait tenté en vain de leur résister en expliquant qu'elle était sénégalaise puisqu'elle était née au dispensaire du village, ce qui n'était même pas le cas de la plupart d'entre elles, mais elle avait fini par céder pour ne pas être exclue des jeux à la récréation. Comme elle, j'étais déçue par les piètres références qu'offraient à présent les enfants du village.

Depuis notre retour de France, les déceptions s'étaient accumulées. C'était un fait, j'étais, nous étions tenus à l'écart du village. Faute de mieux, je trouvais dans cette situation un moyen d'exercer ma patience et d'apprendre la tolérance. Si je m'autorisais à être celle que j'étais, telle que j'étais, je devais accepter que les villageois soient tels qu'ils étaient aussi et non tels que je rêvais qu'ils soient restés. Cette évidence m'apaisa.

Un jour, j'ai proposé de faire des massages à une amie de Mariama qui était asthmatique. La régularité des séances avait nettement amélioré son état, comme celui du fils de la vendeuse de lait caillé, Bigué la Peule, qui prenait du poids au fil des jours. Ils avaient fait tous deux ma publicité.

Peu à peu, une femme puis une autre me confièrent leur corps ou celui de leur enfant. Avec le massage, j'entrais pleinement en contact avec elles. Elles me remerciaient, je répondais « niokobok ! »

J'aurais pu être tentée d'en faire trop pour me concilier leur sympathie mais je refusais les relations factices, basées sur le seul intérêt. Connaître l'autre, cesser de se méfier des différences et résister aux doutes auxquels il nous confronte conduit au respect. Aussi, me montrais-je très désagréable quand un voisin empruntait notre charrette et nous la rendait sale et la roue crevée ou lorsqu'une femme entrait à Kolamki pour puiser de l'eau sans venir me saluer. « Niokobok » ne signifiait pas que j'acceptais le sans-gêne ou la grossièreté. Heureusement, mon vocabulaire sérer se limitait aux salutations de politesse, cela m'évitait de les insulter. Tamsir, lui, était pédagogue. Il expliquait toujours avec tact en quoi leur attitude avait été incorrecte et en quoi il serait judicieux pour tout le monde de la modifier. Les gens n'étaient pas plus impolis qu'avant, ils étaient plus distraits car davantage préoccupés d'eux-mêmes qu'avant.

Un matin, un jeune garçon se présenta avec trois de ses camarades. La curiosité l'avait poussé à venir soigner des plaies suintantes que les cailloux tranchants qui servaient de pelouse au terrain de football situé près de la décharge de Popenguine Sérer, avaient causées à ses tibias. Je n'étais pas infirmière, juste une mère de famille qui savait faire des pansements. Deux jours plus tard, j'avais collé du sparadrap à cinq de ses camarades footballeurs. Les semaines passèrent et les gens prirent l'habitude de venir faire soigner leurs petites blessures à Kolamki. Un jour, je reçus en remerciement quatre petits œufs de poule. Au même moment, à N'Diayen, Bassirou, un frère de Tamsir, donna mon prénom sénégalais, Madjigen, à sa dernière petite fille. Elle devenait mon homonyme : plus qu'une filleule, un double. Les liens distendus depuis notre retour se resserraient un peu. Plus que les longs discours, l'épreuve des faits commençait peut-être à convaincre.

Depuis quelque temps, un Vieil Initié peul partageait ses secrets avec Tamsir le Sérer. Il l'avait choisi comme dépositaire de ses connaissances car notre mode de vie traditionnel était proche du sien. Il savait que nous ne trichions pas avec la Tradition, le Vieil Initié peul avait reconnu en Tamsir un homme digne de recevoir son héritage.

Les Peuls savaient déchiffrer les énigmes de la nature et comprendre les animaux. La plupart des méthodes destinées à se concilier les faveurs de l'Autre Moitié du Monde font intervenir le règne animal. Outre les immolations de coqs et autres béliers, le lait d'ânesse est utilisé pour préparer un philtre qui prive de volonté celui qui le boit. La graisse de lion mélangée à la poudre extraite d'un arbre tout noir est un baume très efficace pour avoir une belle « crinière ». Cornes, queues de chacal, griffes de varan, piquants de porc-épic, poils de hyène, tout est utilisé en fonction d'un principe de similitude. C'est en maîtrisant les lois de la nature et en s'y soumettant que les Initiés la transcendent. Fort de ces connaissances qui s'ajoutaient à celles que Mam Oumy lui avait données, Tamsir parcourait la brousse, certains jours et pas d'autres, à l'aube ou le soir tombé, à la recherche de racines, de plantes et d'écorces qu'il ramenait à Kolamki pour les faire sécher au soleil, accrochées aux palissades de kinkéliba qui entourent notre cour. Il y en avait de toutes les couleurs, rouges, jaunes, des très longues, des courtes, des boursouflées, des frisées, des touffues... On aurait dit une herboristerie de sorcier. Il ne prélevait jamais rien, feuille, écorce, racine, fleur sans remercier la plante. Il fabriquait aussi des ceintures efficaces contre les maux de reins. Pour cela, il coupait des petits bouts de l'épaisse racine d'un certain figuier sur lesquels il pratiquait des encoches qu'il attachait avec de la ficelle, non sans avoir prononcé des incantations mystérieuses. Ou bien, il préparait une potion à partir de l'écorce de deux arbres entremêlés qui poussent non loin de Kolamki (un lieu confidentiel), un baobab et un tamarinier (la demeure des Esprits), association rarissime dans la nature, pour réconcilier les couples désunis.

Je voyais de plus en plus souvent des gens venir de Popenguine chercher les petits paquets que Tamsir avait préparés avec l'aide de Mariama, seule habilitée du fait de la pureté de son jeune âge, à piller dans le mortier certaines feuilles. En échange, on lui donnait une pincée de sable ou trente-cinq centimes. Parfois, les personnes satisfaites du résultat lui glissaient discrètement un billet dans la main.

J'avais à plusieurs occasions testé l'efficacité de la pharmacopée locale comme la pulpe blanche du fruit du baobab, le bouy, appelé aussi pain de singe qui guérit « les ventres qui courent ». Nous avions planté beaucoup de pieds d'aloe vera autour de la concession pour utiliser facilement cette plante connue pour ses propriétés adoucissantes et hydratantes en cosmétique mais surtout très efficace pour lutter contre les infections cutanées, les brûlures, les piqûres d'insectes, les coups de soleil. D'ailleurs, nos poules et nos chèvres en mangeaient spontanément. Nous avions également semé des graines de ricin rapidement transformées en un bel arbuste vert nervuré de rouge. Une fois, juste après l'hivernage, tandis que je récoltais du bissap, des piquants de cram-cram, venimeux, s'étaient plantés dans ma peau. Cela avait provoqué une irruption d'abcès purulents sur mes doigts que je ne parvenais pas à soigner avec les médicaments de la pharmacie. La feuille de ricin que j'avais appliquée, miraculeuse pour faire mûrir les abcès tout comme celle du jujubier, avait en outre été impuissante à les guérir complètement. J'avais alors employé le miel, aux vertus antiseptiques et cicatrisantes, conjointement à l'application du jus transparent d'aloe. La patience aidant, après trois semaines, mes doigts étaient guéris. Dans certains endroits, on applique encore sur les plaies très infectées des minuscules vers qui les nettoient en mangeant les chairs putrides et aident à la cicatrisation. Je soignais les troubles mineurs de toute la famille grâce aux plantes. Les Vieux utilisaient comme clôture autour des manguiers des arbres dont la sève a des propriétés hémostatiques, désinfectantes et cicatrisantes exceptionnelles et qui forme instantanément sur la peau un film protecteur à la manière d'un pansement. Ce petit arbre appelé tabanani m'était bien utile pour stopper le saignement des coupures et autres écorchures des enfants. Aujourd'hui, un ambitieux programme étranger pousse les paysans à en planter pour les transformer en biocarburant. On sait les conséquences qu'implique l'abandon des cultures vivrières. La fièvre jaune, la rougeole, la diarrhée, toutes ces maladies sont traitées avec des moyens naturels qui ont fait leur preuve depuis des générations. Sur le conseil de son institutrice, Madame Philomène, j'avais appliqué tout autour des oreilles de Mariama de la boue séchée prélevée sur le nid d'une certaine sorte de guêpe assez répandue dans les maisons pour aider à la guérison des oreillons. La boue avait agi à la manière de l'argile verte en drainant et purifiant le système lymphatique atteint. J'utilisais le coton issu de nos cotonniers comme compresse et les graines broyées et mélangées à la sauce du repas comme un puissant reconstituant. Les branchettes de cet arbuste servent de brosse à dents et la sève, mélangée à la salive, de dentifrice qui blanchit les dents. Dans la plupart des cas, on se passait des antibiotiques, il est vrai que nous étions rarement malades. Quand il n'y a pas de docteur dans la brousse... A Kolamki les massages énergétiques chinois vieux de 3 500 ans côtoyaient la médecine occidentale et la pharmacopée africaine.

17

Les puisatiers étaient toujours à l'ouvrage quand le jour de la Pentecôte arriva. Popenguine accueille des milliers de fidèles pendant le pèlerinage consacré à la Vierge Marie. Le village grouille de toutes sortes de personnes, plus ou moins pieuses, mais tout se déroule dans un ordre impressionnant pendant ces quatre jours. Est-ce un miracle de la grâce mariale ?

Les puisatiers avaient atteint une couche de sable humide facile à creuser. Le matin, Abdou m'appela.

« Regarde ! »

En me penchant, je vis un bout de ciel qui se reflétait au fond du trou. Cela faisait plus d'un an que le travail de creusage avait commencé. Je regardais Abdou qui souriait.

« C'est de l'eau », précisa-t-il considérant mon incrédulité et il ajouta : « On continue de creuser. » En fin de journée, le trou rempli de trente centimètres d'eau était devenu un puits. Abdou se tenait au bord, je m'y suis penchée, laissant la joie me monter aux yeux. J'ai posé ma main sur son épaule :

« Merci. »

Et une larme tomba dans l'eau.

Les quatre jours qui suivirent furent difficiles. Plus ils creusaient, plus le niveau de l'eau montait, plus il fallait vider rapidement le puits pour continuer à creuser. La profondeur atteignait quatorze mètres. Kisito ne s'était pas trompé. Les deux mètres soixante d'eau pure assuraient l'autonomie de notre descendance.

Les puisatiers avaient réalisé un travail remarquable. Abdou puisa un seau d'eau claire. C'était lundi, lundi de Pentecôte. J'ai gravé sur la margelle encore fraîche « teni Mariama », le puits de Marie. Le soir même, la nouvelle s'était répandue dans le village, une Vieille vint boire de l'eau qu'elle avait elle-même puisée et s'en aspergea le corps. Elle murmurait des mots mystérieux mais je compris qu'il se tramait sous mes yeux une secrète histoire entre elle et le puits. Une histoire qui remontait aux origines de la Création, une histoire mythique. Elle honorait les génies de l'Autre Moitié du Monde qui avaient accepté que l'on trouve de l'eau à Kolamki.

Le mil consommé quotidiennement, céréale trop rustique aux yeux des citadins, avait été remplacée en quarante ans à peine par le riz. Son prix avait doublé en trois mois. Alors, la pluie était venue. C'était un signe. Le signe qu'il était temps de revenir à ce qui avait été une force de ce continent, son indépendance alimentaire, avant les cultures forcées des colonisateurs, arachide et coton, avant les importations étrangères, sous la pression de la mondialisation comme le riz. Ce riz que toutes les femmes aux alentours de midi triaient dans la calebasse pour en écarter les pierres et autres déchets ramassés sur les quais du port où il était déversé à même le sol. Cela tombait bien, le président de la République avait décidé de soutenir le retour à la terre. Vœu pieux ou réalité ? En tout état de cause, les gens n'avaient plus le choix. Il fallait manger !

Cette année-là, l'hivernage était en avance de plus d'un mois mais nous ne nous étions pas laissé surprendre. Etant restée toubab par certains aspects – anticipation et prévoyance –, nous avions apprêté nos champs tandis que la plupart des Vieux Sérers n'avaient pas fini de nettoyer les leurs. Nous avions labouré et désherbé à l'aide de nos deux ânes, Lassi et Ngalan, qui tiraient en alternance la charrue, modernisme par rapport à l'année précédente, mais au final moins efficace que le travail manuel.

L'hivernage s'était installé, la pluie faisait pousser le mil, enfin, celui que les chèvres n'avaient pas brouté. Les villageois, certainement fâchés qu'on leur ait fait la nique en anticipant les semences, avaient laissé gambader leurs bêtes qu'ils attachaient d'ordinaire au début de la saison des pluies. Nous avions dû semer à nouveau et nous étions dès lors en retard.

Les champs avaient été largement arrosés. Trop même. De mémoire de paysan sérer, il n'avait pas plu autant depuis 1965. Nous avions été inondés et les cases de terre et de paille de Kolamki n'avaient pas résisté à l'assaut des gros orages poussés par des vents violents. Le sol en terre battue s'était transformé en marécage, à tel point que de l'herbe avait poussé sous le lit et la paille des toits s'était en partie envolée. Le cours des passages d'eau d'autrefois avait été détourné par l'anarchie des constructions récentes, bâties sans tenir compte de cette réalité trop ancienne. Les flux d'eau, empêchés de circuler librement par ces nouveaux obstacles, s'étaient constitués en rivières bouillonnantes qui avaient traversé notre cour en y laissant toutes sortes de déchets qu'elles charriaient. En une nuit, Kolamki, la concession issue de la terre, était en partie retournée à la terre.

Les crapauds pullulaient. Ravis, ils croassaient toute la nuit, proches d'éclater de bonheur. Ils s'immisçaient partout, sous les lits, dans les vêtements, les chaussures. Mariama avait fait hurler sa classe de terreur en ouvrant son cartable duquel s'étaient échappés plusieurs de ces disgracieux amphibiens. Inoffensifs et peu dérangeants, les enfants avaient trouvé avec eux de nouveaux copains de jeu.

Depuis un décret présidentiel datant de la fin des années soixante qui interdisait d'enterrer les griots dans les baobabs comme c'était la tradition, les pluies boudaient le pays. On disait que Dieu retenait la pluie parce que les hommes des temps modernes se détournaient de leur patrimoine.

Il fallait une leçon magistrale pour qu'ils comprennent que l'argent, l'individualisme, la précipitation, l'égoïsme qui en découlait et pour finir la solitude et le malheur étaient un héritage qui ne fructifiait pas.

Pour la plupart des paysans du pays, les récoltes avaient été plus abondantes que les années précédentes. La pluviométrie exceptionnelle avait encouragé beaucoup de pères de famille à reprendre leur hilaire et le chemin de leurs champs, accompagnés, fait remarquable, par leurs fils.

Cependant, les résultats dans notre zone du Safen n'étaient pas à la hauteur de cette abondance de pluies. Les tiges de mil n'avaient pas produit d'épis et les coques d'arachide ne contenaient pas de graines. Les Vieux disaient que le monde n'était plus équilibré. Ce qui est bon, c'est ce qui accroît la force vitale, ce qui est mauvais, c'est ce qui la diminue. Le déséquilibre du monde diminuait sa force créatrice, les pluies étaient porteuses de mauvaise énergie, les récoltes s'en ressentaient.

J'avais remarqué que Tamsir enterrait à nouveau

des petits paquets et qu'il prenait des bains « spéciaux ». La guerre des gris-gris avait-elle repris ?

Qu'importe ! Nous allions faire revivre le projet collectif d'agriculture villageoise, dont les limites bordaient celles de notre champ, abandonné depuis des années faute d'organisation. Ce projet fournirait du travail aux familles, redonnerait au village son autonomie alimentaire et en même temps rétablirait quelques lois communautaires en phase de déliquescence. Nous avions l'énergie des Ancêtres pour nous embarquer dans ce nouveau projet, aucun maraboutage de jaloux ou d'ignorants ne pourrait s'y opposer !

« Motbabi ? » Comment ça va ce matin ? La femme de Guissé se tenait près de moi, une bassine et un paquet de linge posés à côté d'elle. Toujours discrète, je ne l'avais pas entendue venir.

« Je viens faire la lessive.

— Niokobok. »

Rokhaya s'installa à côté de moi sous le manguier et remplit au puits les cinq bassines qu'elle avait apportées. Elle fut bientôt rejointe par Maïmouna puis par une autre accompagnée de ses enfants.

Tandis que nous frottions ensemble le linge au savon, nous programmâmes le travail à faire le lendemain dans le petit potager que nous avions démarré trois semaines auparavant. Il était inutile de compter sur les hommes qui restaient assis des heures durant sous l'arbre à palabres à siroter le « ataya », le thé confit, tandis que les femmes prenaient en main leur avenir. Je suppose que mettre des enfants au monde aiguillonne la volonté et le courage. Peut-être, les hommes prenaient-ils le temps de méditer aux solutions envisageables pour redresser ce qui était en train de se tordre ? Car décidément non, les Africains ne sont pas des fainéants ! Il n'y a qu'à les regarder sous la chaleur de midi, un ridicule morceau de pain dans le ventre depuis le matin, pelleter du sable et le lancer en un seul coup de reins précis jusqu'au premier étage d'un bâtiment en construction pour convaincre les plus sceptiques.

La lessive achevée, le linge séchant instantanément, les femmes étaient rentrées pour préparer le repas du soir.

Juste après la prière de cet après-midi-là, tout était calme, les feuilles des arbres étaient immobiles. Je me tenais derrière la grande case quand tout à coup, une énorme quantité de paille tomba du toit à mes pieds. Je regardais le trou béant de la toiture sans rien comprendre. Tamsir m'avait rejoint. Il avait vu le tourbillon qui s'éloignait de Kolamki. La petite tornade avait pénétré par la porte ouverte de la case et, n'ayant pas d'autre issue de sortie, avait pulvérisé le toit. Le simple phénomène climatique n'était pas une explication suffisante selon lui.

« Notre case avait emmagasiné beaucoup d'énergie négative ces derniers mois. Aujourd'hui, les Ancêtres déguisés en vent l'ont nettoyée », me dit-il.

Je crois que les génies, qui sont très intelligents et qui comptent tous les cheveux de ma tête, avaient surtout effacé les traces de ma vie passée, du temps où je n'avais pas encore compris ce que j'avais à apprendre. Autant en emportait le vent, les pangols de Mam Oumy m'avaient enseigné. Ce n'était pas des réponses ainsi formulées que j'avais cherchées depuis tant d'années mais le destin ne m'avait certainement pas donné celles-ci par hasard. Pangols, génies, Autre Moitié du Monde, Dieu... des mots pour évoquer la même réalité. Qu'importe, je n'avais plus de questions.

La vie est un mystère, banal constat n'est-ce pas ? Banal peut-être, mais essentiel.

Je ne quitte pratiquement plus Kolamki, sauf pour faire certains achats à la ville de M'Bour. Je vais rarement à Popenguine. La concession me suffit, elle me nourrit. A Kolamki, je m'émerveille chaque jour du mystère que je ne comprends pas. Pourquoi comprendre d'ailleurs et ne pas simplement le vivre et l'aimer ? Quand on aime, on est heureux. Qui peut m'empêcher d'aimer ? Je connais le secret du bonheur depuis qu'une nuit, dans le champ de bissap mangé par les zébus à bosse, je me suis allongée dans la main de Dieu.

Le chemin qui nous a conduits à Kolamki n'a été ni rectiligne ni facile mais il était tracé de toute éternité. La concession n'est-elle qu'une nouvelle étape ? Le village de Popenguine est devenu une commune, devrons-nous reculer plus loin dans la brousse sous la pression de cette folle urbanisation ?

Le baobab a poussé. Ses branches autrefois atrophiées font une ombre fraîche. Quelques femmes de Popenguine Sérer viennent cueillir ses feuilles pour préparer le tiéré et remplir au puits une calebasse d'eau. Elle est très pure, les palabres lui prêtent déjà des vertus « spéciales ».

Installée sous le vieux manguier, je regarde nos toits de paille, nos enfants, les arbres qui prospèrent. Le temps s'est arrêté à Kolamki. Seule la vie s'écoule, féconde.

Sous le baobab de Kolamki, sur la terre de mes Ancêtres, si Dieu le veut, je serai enterrée.

www.ingramcontent.com/pod-product-compliance
Lightning Source LLC
LaVergne TN
LVHW050538160826
845677LV00011B/2089